BESTACTIVITYBOOKS.COM

PRIMA EDIZIONE 2022

Illustrazione Grafica Extra: www.freepik.com
Grazie a Alekksall, Starline, Pch.vector, Rawpixel.com, Vectorpocket, Dgim-studio, Upklyak, Macrovector, Stockgiu, Pikisuperstar & Freepik.com Designers

Scoprire i Giochi Gratuiti Online

Disponibile Qui:

BestActivityBooks.com/FREEGAMES

5 CONSIGLI PER INIZIARE

1) COME RISOLVERE LE PAROLE INTRECCIATTE

I puzzle hanno un formato classico:

- Le parole sono nascoste senza spazi o trattini,...
- Orientamento: Le parole possono essere scritte in avanti, indietro, verso l'alto, verso il basso o in diagonale (possono essere invertite).
- Le parole possono sovrapporsi o intersecarsi.

2) APPRENDIMENTO ATTIVO

Accanto ad ogni parola c'è uno spazio per scrivere la traduzione. Per incoraggiare l'apprendimento attivo, un **DIZIONARIO** alla fine di questa edizione vi permetterà di controllare e ampliare le vostre conoscenze. Cerca e scrivi le traduzioni, trovale nel puzzle e aggiungile al tuo vocabolario!

3) SEGNARE LE PAROLE

Puoi inventare il tuo sistema di segni. Forse ne usi già uno? Per esempio, puoi segnare le parole difficili da trovare con una croce, le parole preferite con una stella, le parole nuove con un triangolo, le parole rare con un diamante, e così via.

4) STRUTTURARE L'APPRENDIMENTO

Questa edizione offre un **TACCUINO** alla fine del libro. In vacanza, in viaggio o a casa, puoi organizzare facilmente le tue nuove conoscenze senza bisogno di un secondo quaderno!

5) AVETE FINITO TUTTE LE GRIGLIE?

Nelle ultime pagine di questo libro, nella sezione della **SFIDA FINALE**, troverete un gioco gratuito!

Facile e veloce! Dai un'occhiata alla nostra collezione di libri di attività per il tuo prossimo momento di divertimento e **apprendimento,** a portata di clic!

Trova la tua prossima sfida su:

BestActivityBooks.com/MioProssimoLibro

Ai vostri posti, pronti...Via!

Sapevi che ci sono circa 7.000 lingue diverse nel mondo? Le parole sono preziose.

Amiamo le lingue e abbiamo lavorato duramente per creare libri di altissima qualità. I nostri ingredienti?

Una selezione di argomenti adatti all'apprendimento, tre buone porzioni di intrattenimento, una cucchiaiata di parole difficili e una spolverata di parole rare. Li serviamo con amore e entusiasmo in modo che tu possa risolvere i migliori giochi di parole e divertirti imparando!

La vostra opinione è essenziale. Puoi partecipare attivamente al successo di questo libro lasciandoci un commento. Ci piacerebbe sapere cosa ti è piaciuto di più di questa edizione.

Ecco un link veloce alla pagina dell'ordine:

BestBooksActivity.com/Recensione50

Grazie per il vostro aiuto e buon divertimento!

Tutta la squadra

1 - Scacchi

T	P	E	S	T	R	A	T	É	G	I	A	B	J	O
A	E	T	O	R	N	E	I	O	U	C	K	R	B	X
N	H	M	P	N	G	B	M	B	R	H	U	A	Y	V
J	N	A	P	R	L	Y	J	K	P	O	M	N	D	A
P	F	X	U	O	V	I	S	S	A	P	H	C	N	S
L	O	S	B	G	X	M	F	O	K	S	M	O	S	W
R	Ã	A	S	O	T	N	O	P	S	D	Y	T	O	A
O	E	P	O	J	X	K	C	Q	A	C	T	E	I	G
D	P	G	S	S	S	P	R	E	T	O	A	U	F	A
A	M	O	R	L	D	I	A	G	O	N	A	L	A	Z
G	A	A	U	A	S	E	V	H	Z	G	G	O	S	A
O	C	L	C	C	S	O	P	O	N	E	N	T	E	G
J	B	P	N	U	X	O	B	O	M	I	E	R	D	J
S	J	F	O	I	C	Í	F	I	R	C	A	S	I	V
B	R	Ç	C	A	P	R	E	N	D	E	R	R	J	W

OPONENTE
BRANCO
CAMPEÃO
CONCURSO
DIAGONAL
JOGADOR
JOGO
PRETO
PASSIVO
APRENDER
PONTOS
REI
RAINHA
REGRAS
SACRIFÍCIO
DESAFIOS
ESTRATÉGIA
TEMPO
TORNEIO

2 - Salute e Benessere #2

G	H	F	K	R	O	S	W	L	R	Y	G	R	J	C
K	I	E	O	B	F	Q	A	E	M	G	R	X	A	A
T	G	D	O	E	Ç	X	T	N	N	V	X	Q	D	L
R	I	Q	Ç	F	M	O	E	I	G	E	L	J	L	O
W	E	F	E	Y	A	B	I	N	S	U	R	R	A	R
H	N	P	W	Z	I	D	D	F	A	D	E	G	T	I
M	E	G	A	S	S	A	M	E	U	I	O	V	I	A
A	N	A	T	O	M	I	A	C	D	G	N	I	P	A
I	Ç	B	U	Q	C	Y	U	Ç	Á	E	U	T	S	C
G	Y	N	G	Q	X	J	O	Ã	V	S	T	A	O	I
R	S	N	E	Q	I	L	Ç	O	E	T	R	M	H	T
E	X	T	Ç	O	A	B	I	P	L	Ã	I	I	V	É
L	J	F	B	Ç	D	E	V	R	F	O	Ç	N	Y	N
A	A	P	E	T	I	T	E	O	A	A	Ã	A	F	E
P	E	S	O	Q	T	O	F	C	G	M	O	W	O	G

ALERGIA
ANATOMIA
APETITE
CALORIA
CORPO
DIETA
DIGESTÃO
ENERGIA
GENÉTICA
HIGIENE
INFECÇÃO
DOENÇA
MASSAGEM
NUTRIÇÃO
HOSPITAL
PESO
SANGUE
SAUDÁVEL
VITAMINA

3 - Aggettivi #2

P	S	D	S	A	U	D	Á	V	E	L	W	G	I	F
K	R	A	E	F	Ç	B	W	E	J	I	C	K	N	O
W	V	O	L	S	D	H	C	M	P	R	F	F	T	R
Q	S	H	D	G	C	C	H	Ç	E	C	G	U	E	T
S	T	Ç	Y	U	A	R	N	O	R	M	A	L	R	E
D	O	C	E	W	T	D	I	R	Ç	U	Z	A	E	O
G	R	M	C	A	Ç	I	O	T	T	T	J	R	S	R
M	U	O	M	A	A	G	V	V	I	O	F	U	S	G
R	P	F	A	M	O	S	O	O	I	V	C	T	A	U
E	O	Y	N	Ç	S	O	S	E	C	O	O	A	N	L
Q	H	C	R	I	A	T	I	V	O	N	E	N	T	H
F	X	F	G	A	U	T	Ê	N	T	I	C	O	E	O
E	L	E	G	A	N	T	E	U	D	L	G	S	D	S
E	F	A	M	I	N	T	O	J	K	W	B	N	Z	O
D	R	A	M	Á	T	I	C	O	S	R	O	E	Ç	P

FAMINTO
SECO
AUTÊNTICO
CRIATIVO
DESCRITIVO
DOCE
DRAMÁTICO
ELEGANTE
FAMOSO
FORTE
INTERESSANTE
NATURAL
NORMAL
NOVO
ORGULHOSO
PRODUTIVO
PURO
SALGADO
SAUDÁVEL

4 - Ingegneria

M	Ç	Ç	T	L	H	R	A	N	L	A	L	C	E	M
C	Á	N	O	R	T	E	M	Â	I	D	Í	O	N	O
Á	R	Q	M	D	F	H	A	M	U	C	Q	N	G	T
L	O	H	U	C	P	K	R	Y	Ç	V	U	S	R	O
C	T	E	R	I	Â	N	G	U	L	O	I	T	E	R
U	A	N	B	P	N	L	A	H	F	C	D	R	N	E
L	Ç	E	S	M	R	A	I	Q	U	G	O	U	A	S
O	Ã	R	K	E	M	O	D	C	N	T	U	Ç	G	T
G	O	G	A	D	M	F	P	A	F	Y	S	Ã	E	R
V	S	I	Q	I	J	Q	L	U	E	S	Y	O	N	U
W	T	A	A	Ç	R	O	F	X	L	Y	Z	X	S	T
U	F	X	R	Ã	R	D	Z	L	E	S	E	I	D	U
Y	Ç	Q	G	O	Ç	Z	K	Z	F	V	Ã	E	Z	R
E	S	T	A	B	I	L	I	D	A	D	E	O	Q	A
D	I	S	T	R	I	B	U	I	Ç	Ã	O	W	Ç	E

ÂNGULO
EIXO
CÁLCULO
CONSTRUÇÃO
DIAGRAMA
DIÂMETRO
DIESEL
DISTRIBUIÇÃO
ENERGIA
FORÇA

ENGRENAGENS
LÍQUIDO
MÁQUINA
MEDIÇÃO
MOTOR
PROPULSÃO
ROTAÇÃO
ESTABILIDADE
ESTRUTURA

5 - Archeologia

Z	A	T	S	I	L	A	I	C	E	P	S	E	Y	I
O	I	R	É	T	S	I	M	L	E	Q	B	A	R	E
D	E	S	C	E	N	D	E	N	T	E	U	C	X	V
I	F	Ó	S	S	I	L	T	H	L	K	I	I	L	B
C	W	X	W	O	R	Y	Ú	P	E	P	N	M	P	N
E	O	I	R	T	O	I	M	I	Y	B	V	Â	C	E
U	D	G	O	E	A	I	U	Q	Í	L	E	R	Z	Ç
Q	O	E	D	J	V	M	L	S	D	K	S	E	C	K
S	Q	S	Z	B	B	S	O	K	U	G	T	C	V	R
E	Z	I	S	O	Ã	Ç	A	Z	I	L	I	V	I	C
U	P	L	J	O	A	T	X	U	Z	V	G	X	C	X
Q	L	Á	C	P	S	U	P	U	X	T	A	N	V	R
E	U	N	T	E	M	P	L	O	S	S	D	D	M	C
E	D	A	D	I	U	G	I	T	N	A	O	I	U	W
P	R	O	F	E	S	S	O	R	Z	N	R	W	D	T

ANÁLISE
ANTIGUIDADE
CERÂMICA
CIVILIZAÇÃO
ESQUECIDO
DESCENDENTE
ERA
ESPECIALISTA
FÓSSIL
MISTÉRIO
OBJETOS
OSSOS
PROFESSOR
RELÍQUIA
INVESTIGADOR
EQUIPE
TEMPLO
TÚMULO

6 - Salute e Benessere #1

T	E	C	S	Ç	N	H	T	T	Z	C	Z	I	M	H
M	E	W	V	X	L	U	Á	C	G	A	S	I	Ú	O
E	L	R	F	Q	U	F	U	B	Z	R	G	Q	S	R
D	V	O	A	O	M	L	S	P	I	U	L	L	C	M
I	Ç	T	I	P	M	O	B	F	F	T	D	W	U	O
C	P	U	C	Q	I	E	D	G	W	L	O	B	L	N
I	O	O	Á	P	J	A	R	U	T	A	R	F	O	E
N	H	D	M	R	E	F	L	E	X	O	C	Q	S	S
A	K	O	R	P	S	A	T	I	V	O	L	X	U	O
X	H	L	A	R	U	T	S	O	P	E	Í	J	R	V
Y	C	S	F	G	H	P	Y	P	O	B	N	F	Í	R
B	A	C	T	É	R	I	A	S	W	S	I	P	V	E
R	E	L	A	X	A	M	E	N	T	O	C	E	S	N
B	J	V	X	F	L	X	Z	B	H	O	A	L	T	D
T	R	A	T	A	M	E	N	T	O	K	G	E	T	V

HÁBITO
ALTURA
ATIVO
BACTÉRIAS
CLÍNICA
FOME
FARMÁCIA
FRATURA
MEDICINA
DOUTOR

MÚSCULOS
NERVOS
HORMONES
PELE
POSTURA
REFLEXO
RELAXAMENTO
TERAPIA
TRATAMENTO
VÍRUS

7 - Aggettivi #1

A	A	I	M	P	O	R	T	A	N	T	E	A	P	E
B	R	T	L	G	R	A	N	D	E	T	J	B	E	M
F	A	T	I	O	T	S	E	N	O	H	E	S	R	O
M	R	A	Í	V	N	Y	R	C	D	H	H	O	F	D
S	O	Q	K	S	O	G	Y	Q	A	I	P	L	E	E
J	M	S	E	N	T	S	O	W	S	H	L	U	I	R
O	Á	Y	S	O	N	I	F	Ç	E	J	Q	T	T	N
V	T	Q	M	D	E	D	C	C	P	V	X	O	O	O
E	I	Z	Q	P	L	K	A	O	C	W	N	K	E	C
M	C	H	J	L	G	E	N	E	R	O	S	O	N	I
A	O	Q	O	C	I	D	Ê	N	T	I	C	O	O	T
Y	Ç	S	H	V	F	P	Ç	L	Q	N	X	O	R	Ó
N	U	Z	Q	I	V	A	L	I	O	S	O	O	M	X
A	M	B	I	C	I	O	S	O	L	E	M	P	E	E
P	A	P	S	N	K	T	S	Y	Ç	T	E	H	U	L

AMBICIOSO
AROMÁTICO
ARTÍSTICO
ABSOLUTO
ATIVO
ENORME
EXÓTICO
GENEROSO
JOVEM
GRANDE
IDÊNTICO
IMPORTANTE
LENTO
LONGO
MODERNO
HONESTO
PERFEITO
PESADO
VALIOSO
FINO

8 - Geologia

G	A	O	R	E	B	Q	B	X	U	M	E	C	C	E
F	S	D	A	N	R	E	V	A	C	I	S	A	Á	S
M	Ó	A	H	B	P	O	Ç	A	D	N	T	M	L	T
N	C	S	L	Z	H	D	S	J	D	E	A	A	C	A
U	E	R	S	Z	Y	I	Z	Ã	A	R	L	D	I	L
B	T	S	A	I	X	C	R	W	O	A	A	A	O	A
Ô	N	C	X	O	L	Á	M	I	Z	I	G	R	C	C
T	E	R	R	E	M	O	T	O	T	S	M	D	R	T
A	N	C	A	Ç	Y	H	O	Ã	R	J	I	E	I	I
L	I	O	N	B	Y	R	I	C	A	A	T	P	S	T
P	T	R	Y	E	H	T	Q	L	U	Z	E	Y	T	E
V	N	A	W	V	F	W	G	U	Q	M	S	B	A	R
O	O	L	L	A	V	A	C	V	E	X	I	V	I	H
V	C	G	E	Y	S	E	R	J	Ç	P	Q	N	S	D
U	G	U	S	A	G	X	B	O	V	R	V	E	Q	U

ÁCIDO
PLATÔ
CÁLCIO
CAVERNA
CONTINENTE
CORAL
CRISTAIS
EROSÃO
FÓSSIL
GEYSER
LAVA
MINERAIS
PEDRA
QUARTZO
SAL
ESTALAGMITES
ESTALACTITE
CAMADA
TERREMOTO
VULCÃO

9 - Campeggio

U	R	Y	N	Ç	F	K	U	H	C	M	B	R	L	E
É	G	D	G	G	Ç	O	E	B	O	I	A	Y	F	J
P	F	S	M	V	J	Q	G	Y	R	Q	C	P	Z	E
A	V	E	N	T	U	R	A	O	D	L	A	B	A	Q
H	H	J	H	K	R	W	Y	U	A	W	M	Ú	E	U
C	E	N	I	B	A	C	M	J	E	T	F	S	N	I
F	B	C	A	T	S	E	R	O	L	F	W	S	A	P
T	O	Z	O	T	A	N	I	M	A	I	S	O	T	A
E	H	I	N	S	N	M	B	E	B	C	B	L	U	M
N	D	N	A	F	Q	O	S	L	X	U	A	A	R	E
D	Ç	S	C	A	Ç	A	M	U	L	A	G	O	E	N
A	S	E	R	O	V	R	Á	A	Z	D	J	E	Z	T
V	D	T	X	L	A	J	Ç	S	N	U	H	T	A	O
Ç	Y	O	B	T	O	V	E	I	F	Q	F	R	R	A
O	P	U	C	D	T	N	D	J	L	U	X	X	H	N

ÁRVORES
MACA
ANIMAIS
EQUIPAMENTO
AVENTURA
BÚSSOLA
CABINE
CAÇA
CANOA
CHAPÉU
CORDA
FLORESTA
FOGO
INSETO
LAGO
LUA
MAPA
MONTANHA
NATUREZA
TENDA

10 - Arti Visive

C	J	B	K	C	F	L	V	O	S	N	F	C	V	J
E	D	W	V	R	O	Ã	V	R	A	C	I	A	E	O
R	A	T	S	I	T	R	A	V	K	X	L	V	R	T
Â	G	Ç	C	A	O	V	Q	Q	U	J	M	A	N	A
M	Ç	K	J	T	G	R	N	G	E	E	E	L	I	R
I	K	L	C	I	R	C	A	N	E	T	A	E	Z	T
C	C	E	G	V	A	F	L	I	C	N	Ê	T	S	E
A	S	R	C	I	F	A	U	M	V	C	Z	E	F	R
L	W	J	A	D	I	O	B	R	A	P	R	I	M	A
H	Á	N	M	A	A	A	R	G	I	L	A	R	G	F
Q	M	P	L	D	C	O	M	P	O	S	I	Ç	Ã	O
S	S	Y	I	E	E	F	N	K	K	Z	W	Z	G	A
F	Z	Z	H	S	B	Y	M	O	U	B	Ç	F	G	S
C	E	R	A	R	U	T	L	U	C	S	E	B	Z	A
L	O	A	R	Q	U	I	T	E	T	U	R	A	K	D

ARQUITETURA
ARGILA
ARTISTA
OBRA-PRIMA
CARVÃO
CAVALETE
CERA
CERÂMICA
COMPOSIÇÃO
CRIATIVIDADE
FILME
FOTOGRAFIA
GIZ
LÁPIS
CANETA
RETRATO
ESCULTURA
ESTÊNCIL
VERNIZ

11 - Tempo

S	P	P	S	B	G	O	C	F	H	H	C	P	L	Y
D	L	N	I	X	A	J	A	J	O	T	U	N	I	M
E	V	E	R	B	M	E	L	L	R	A	Ç	F	O	T
P	X	J	Q	A	U	J	E	W	A	W	N	U	C	W
O	N	O	I	T	E	O	N	S	D	E	Q	O	J	A
I	O	A	X	X	B	H	D	E	A	R	S	K	A	X
S	E	N	N	G	P	V	Á	M	C	E	L	F	U	J
A	S	W	T	T	L	A	R	A	É	T	Ç	U	U	K
N	O	F	U	E	E	J	I	N	D	V	E	T	C	A
F	X	G	I	C	M	S	O	A	L	T	A	U	O	A
D	I	A	I	D	O	I	E	M	M	U	J	R	Z	N
S	É	C	U	L	O	I	G	Ó	L	E	R	O	R	U
A	Z	M	A	N	H	Ã	Q	H	Y	I	Y	F	M	A
I	L	E	S	M	T	G	L	V	W	D	Z	K	K	L
K	P	L	R	A	Z	C	M	Ê	S	A	O	H	Y	U

ANO
ANUAL
CALENDÁRIO
DÉCADA
DEPOIS
FUTURO
DIA
ONTEM
MANHÃ
MÊS
MEIO-DIA
MINUTO
NOITE
HOJE
HORA
RELÓGIO
EM BREVE
ANTES
SÉCULO
SEMANA

12 - Astronomia

J	R	G	A	L	Á	X	I	A	J	R	A	S	T	U
C	O	N	S	T	E	L	A	Ç	Ã	O	S	U	E	L
A	L	U	A	X	D	I	S	O	Q	E	T	P	R	N
M	E	T	E	O	R	O	O	I	Z	R	E	E	R	U
C	X	E	H	Z	N	Ç	L	R	C	L	R	R	A	R
O	O	Q	A	O	Q	W	U	Ó	I	B	Ó	N	A	A
S	M	W	O	I	D	K	B	T	P	F	I	O	S	D
M	O	O	S	C	E	S	E	A	L	O	D	V	T	I
O	N	E	R	Ó	W	Y	N	V	A	G	E	A	R	A
S	Ô	X	E	N	I	R	S	R	N	U	É	C	O	Ç
G	R	A	V	I	D	A	D	E	E	E	C	J	N	Ã
X	T	R	I	U	B	Z	D	S	T	T	X	Y	A	O
R	S	A	N	Q	V	I	E	B	A	E	V	J	U	Z
J	A	I	U	E	U	N	E	O	U	M	Y	L	T	Q
T	E	L	E	S	C	Ó	P	I	O	Ç	W	E	A	Q

ASTERÓIDE
ASTRONAUTA
ASTRÔNOMO
CÉU
COSMOS
CONSTELAÇÃO
EQUINÓCIO
GALÁXIA
GRAVIDADE
LUA

METEORO
NEBULOSA
OBSERVATÓRIO
PLANETA
RADIAÇÃO
FOGUETE
SUPERNOVA
TELESCÓPIO
TERRA
UNIVERSO

13 - Algebra

G	K	Ç	F	D	P	S	D	I	A	G	R	A	M	A
S	D	U	U	D	I	A	U	V	T	C	Y	J	V	K
X	J	A	M	Z	Q	V	R	B	F	R	A	Ç	Ã	O
L	G	L	L	M	Q	R	I	Ê	T	A	R	I	L	X
E	Q	U	A	Ç	Ã	O	L	S	N	R	R	R	W	I
V	Ç	M	M	J	B	T	V	E	Ã	T	A	E	J	X
Á	G	R	E	R	C	A	V	R	K	O	E	Ç	T	Y
I	U	Ó	L	B	X	F	I	F	N	A	N	S	Ã	L
R	C	F	B	W	Ç	U	N	G	M	O	I	H	E	O
A	G	N	O	Q	I	J	F	V	Z	H	L	O	I	V
V	T	Y	R	R	A	C	I	F	I	L	P	M	I	S
T	A	U	P	G	Ç	T	N	O	R	E	M	Ú	N	Ç
S	O	L	U	Ç	Ã	O	I	T	T	F	A	L	S	O
G	R	Á	F	I	C	O	T	H	A	H	D	U	Ç	V
J	E	Z	Ç	K	Ç	C	O	X	M	Z	E	R	O	G

DIAGRAMA
DIVISÃO
EQUAÇÃO
FALSO
FATOR
FÓRMULA
FRAÇÃO
GRÁFICO
INFINITO
LINEAR
MATRIZ
NÚMERO
PARÊNTESE
PROBLEMA
SIMPLIFICAR
SOLUÇÃO
SUBTRAÇÃO
VARIÁVEL
ZERO

14 - Mitologia

C	E	Q	Z	D	A	D	N	E	L	O	O	U	K	K
C	I	X	Q	Ç	T	E	M	H	A	Ç	R	O	F	I
R	Ó	Ú	V	O	C	S	Á	R	B	V	I	P	M	M
E	R	R	M	C	Q	A	G	A	I	I	E	I	O	O
N	E	E	X	E	Z	S	I	P	R	N	R	T	N	R
Ç	H	L	Y	D	S	T	C	U	I	G	R	É	S	T
A	Y	Â	K	M	C	R	O	I	N	A	E	U	T	A
S	Z	M	S	F	E	E	V	A	T	N	U	Q	R	L
T	S	P	E	T	C	A	M	R	O	Ç	G	R	O	I
O	Ç	A	Y	R	E	R	D	U	M	A	Ç	A	V	D
J	Z	G	I	O	X	U	I	T	Z	O	C	V	A	A
S	J	O	Z	V	A	T	H	A	F	A	R	H	J	D
X	X	S	W	Ã	W	L	C	I	Ç	D	W	T	T	E
J	H	P	U	O	V	U	B	R	H	Ã	G	O	A	M
D	L	R	L	O	U	C	Z	C	J	O	O	Ç	J	L

ARQUÉTIPO
CRIATURA
CRIAÇÃO
CRENÇAS
CULTURA
DESASTRE
HERÓI
FORÇA
RELÂMPAGO
CIÚMES
GUERREIRO
IMORTALIDADE
LABIRINTO
LENDA
MÁGICO
MORTAL
MONSTRO
TROVÃO
VINGANÇA

15 - Piante

M	Z	F	Q	S	C	A	C	T	O	N	R	A	V	Y
E	U	Y	L	Y	Z	W	W	A	J	K	A	V	P	G
G	A	S	Ç	O	P	O	P	C	P	X	I	F	É	X
A	F	X	G	M	R	B	O	I	M	H	Z	P	T	H
H	Ç	U	Q	O	S	E	G	N	X	E	N	N	A	P
L	J	A	R	D	I	M	S	Â	C	R	C	Ç	L	L
O	F	E	I	J	Ã	O	O	T	X	A	Z	V	A	W
F	U	G	U	I	N	T	X	O	A	S	C	N	Z	D
J	O	J	C	I	C	C	U	B	M	A	B	B	T	R
U	Y	T	A	T	S	C	N	E	R	V	A	A	O	F
E	T	N	A	Z	I	L	I	T	R	E	F	G	Y	L
G	Z	Ç	F	L	O	R	J	U	K	O	O	A	N	O
A	R	B	U	S	T	O	B	F	T	J	V	Y	H	R
C	R	E	S	C	E	R	V	H	Q	W	C	R	P	A
V	E	G	E	T	A	Ç	Ã	O	J	R	T	Ç	Á	A

ÁRVORE
BAGA
BAMBU
BOTÂNICA
CACTO
ARBUSTO
CRESCER
HERA
ERVA
FEIJÃO
FERTILIZANTE
FLOR
FLORA
FOLHAGEM
FLORESTA
JARDIM
MUSGO
PÉTALA
RAIZ
VEGETAÇÃO

16 - Spezie

C	O	M	I	N	H	O	N	R	J	X	Ç	A	S	W
R	Y	B	Q	B	A	U	N	I	L	H	A	M	M	J
G	E	N	G	I	B	R	E	Q	W	V	V	A	E	F
X	K	Ç	L	C	C	O	E	N	T	R	O	R	C	D
O	Z	T	Q	A	X	A	L	E	N	A	C	G	A	S
S	D	A	O	R	P	D	B	A	I	X	F	O	R	Y
X	T	L	S	I	N	A	P	G	X	L	B	A	D	S
N	Z	V	V	L	E	C	H	Á	W	J	Q	L	A	A
K	U	O	R	B	L	S	A	G	P	R	P	H	M	B
A	Ç	A	F	R	Ã	O	F	D	Z	R	M	O	O	O
L	A	E	S	T	V	M	T	U	O	O	I	Y	M	R
O	C	X	D	R	A	Z	J	J	N	C	C	C	O	C
B	L	A	S	Ç	Z	O	R	N	Ç	C	E	V	A	X
E	A	L	W	G	Z	N	Y	P	Y	D	H	H	D	W
C	S	C	M	P	I	M	E	N	T	A	M	O	A	I

ALHO
AMARGO
ANIS
CANELA
CARDAMOMO
CEBOLA
COENTRO
COMINHO
CARIL
DOCE
FUNCHO
SABOR
ALCAÇUZ
NOZ-MOSCADA
PÁPRICA
PIMENTA
SAL
BAUNILHA
AÇAFRÃO
GENGIBRE

17 - Numeri

D	A	G	K	P	R	K	A	V	D	K	W	V	D	Ç
O	Z	D	O	C	B	X	K	O	E	Z	N	I	U	Q
Z	B	E	T	Ç	F	S	B	G	Z	G	R	X	A	B
E	C	R	R	L	A	M	I	C	E	D	I	C	A	G
H	R	H	J	O	F	M	Z	E	S	V	I	N	T	E
M	G	D	K	G	S	M	O	Z	S	U	G	Z	D	C
K	V	D	L	D	E	X	N	R	E	J	P	W	I	I
D	Q	U	R	E	T	K	O	O	I	G	E	V	O	N
E	E	N	E	Z	E	R	T	T	S	P	S	B	T	C
Z	X	X	L	E	C	L	Z	A	X	Ç	H	Ê	I	O
H	F	W	M	S	Q	R	D	U	G	P	Y	R	R	R
N	G	O	Q	S	U	A	C	Q	D	O	I	S	Z	T
E	N	P	Q	E	D	E	Z	E	N	O	V	E	I	A
D	P	Z	O	T	I	O	Z	E	D	E	P	H	X	U
B	M	Y	C	E	K	Ç	O	I	T	O	H	Ç	D	Q

CINCO
DECIMAL
DEZENOVE
DEZESSETE
DEZOITO
DEZ
DOZE
DOIS
NOVE
OITO
QUATORZE
QUATRO
QUINZE
DEZESSEIS
SEIS
SETE
TRÊS
TREZE
VINTE
ZERO

18 - Cioccolato

F	D	Q	C	Y	L	D	T	V	J	Ç	I	D	R	E
A	A	T	I	E	C	E	R	X	G	D	N	E	Q	T
O	A	V	G	S	H	P	P	W	R	I	G	L	X	N
E	M	M	O	L	E	M	A	R	A	C	R	I	U	A
T	O	C	E	R	C	O	C	O	C	A	E	C	O	D
B	R	K	D	N	I	W	Z	T	Ú	R	D	I	O	I
U	A	C	A	C	D	T	G	S	Ç	T	I	O	T	X
K	O	P	D	P	N	O	O	O	A	E	E	S	Ç	O
Z	S	R	I	N	Ó	G	I	G	Ç	S	N	O	C	I
D	C	O	L	G	U	R	X	N	V	A	T	N	O	T
R	B	Y	A	V	E	A	M	L	S	N	E	A	M	N
Q	U	S	U	Ç	P	M	R	A	V	A	W	A	E	A
M	E	V	Q	H	X	A	Ç	F	M	L	T	L	R	H
H	C	A	L	O	R	I	A	S	I	D	F	N	K	F
T	B	D	T	Q	Ç	E	X	Ó	T	I	C	O	B	X

AMARGO
ANTIOXIDANTE
AMENDOINS
AROMA
ARTESANAL
CACAU
CALORIAS
CARAMELO
DELICIOSO
DOCE
EXÓTICO
GOSTO
INGREDIENTE
COMER
COCO
PÓ
FAVORITO
QUALIDADE
RECEITA
AÇÚCAR

19 - Immigrazione

F	I	N	A	N	C	I	A	M	E	N	T	O	C	H
A	F	R	O	N	T	E	I	R	A	S	O	S	O	A
S	P	P	R	O	T	E	Ç	Ã	O	I	F	O	M	B
I	N	R	S	O	L	U	Ç	Ã	O	Y	O	T	U	I
T	E	A	O	L	W	X	M	Z	Z	Q	S	N	N	T
U	G	P	J	V	E	S	S	E	R	T	S	E	I	A
A	O	R	A	U	A	I	E	Z	S	H	E	M	C	Ç
Ç	C	A	C	F	D	Ç	V	E	A	B	C	U	A	Ã
Ã	I	Z	T	V	J	A	Ã	K	Ç	W	O	C	Ç	O
O	A	O	X	J	Z	U	Q	O	N	V	R	O	Ã	J
P	Ç	A	D	U	L	T	O	S	A	V	P	D	O	A
O	Ã	Ç	A	R	T	S	I	N	I	M	D	A	W	D
W	O	C	L	Í	N	G	U	A	R	I	Ç	B	J	Ç
O	F	I	C	I	A	L	C	Z	C	G	B	D	Q	R
D	B	X	F	I	X	V	B	E	P	V	J	X	S	M

ADULTOS
AJUDA
HABITAÇÃO
ADMINISTRAÇÃO
APROVAÇÃO
CRIANÇAS
COMUNICAÇÃO
DOCUMENTOS
FINANCIAMENTO
FRONTEIRAS
LEI
LÍNGUA
PROCESSO
PROTEÇÃO
PRAZO
SITUAÇÃO
SOLUÇÃO
ESTRESSE
NEGOCIAÇÃO
OFICIAL

20 - Guida

T	L	U	F	O	M	T	G	Ô	F	M	Y	Ç	X	I
C	Ú	O	M	G	A	R	A	N	R	A	A	S	Ç	C
E	O	N	S	D	D	Á	R	I	E	P	J	S	J	J
B	Z	M	E	D	A	F	A	B	I	A	G	O	M	Z
A	H	O	B	L	R	E	G	U	O	M	O	T	O	R
I	C	W	Z	U	T	G	E	S	S	K	A	S	G	B
C	J	I	E	Ç	S	O	M	D	Y	O	Ç	R	I	A
Í	T	L	D	T	E	T	R	O	P	S	N	A	R	T
L	G	I	I	E	Y	M	Í	B	J	Ç	A	V	E	I
O	W	C	P	M	N	W	V	V	W	Z	R	V	P	O
P	G	E	A	V	Ç	T	O	F	E	Q	U	Z	T	A
Z	Á	N	R	Z	Z	N	E	D	E	L	G	I	S	S
X	S	Ç	P	E	D	E	S	T	R	E	E	I	E	P
S	U	A	C	A	R	R	O	E	S	M	S	Y	Z	G
M	O	T	O	C	I	C	L	E	T	A	U	H	X	T

CARRO
ÔNIBUS
COMBUSTÍVEL
FREIOS
GARAGEM
GÁS
ACIDENTE
LICENÇA
MAPA
MOTOCICLETA
MOTOR
PEDESTRE
PERIGO
POLÍCIA
SEGURANÇA
ESTRADA
TRÁFEGO
TRANSPORTE
TÚNEL
RAPIDEZ

21 - I Media

C	B	I	N	D	I	V	I	D	U	A	L	Ç	I	V
E	O	Ã	Ç	I	D	E	N	I	L	N	O	G	W	I
J	I	M	E	F	M	G	F	O	T	O	S	S	U	P
K	O	V	U	I	N	T	E	L	E	C	T	U	A	L
Y	C	R	O	N	A	T	I	T	U	D	E	S	O	V
O	I	R	N	C	I	O	G	F	Z	T	Ç	V	Y	T
Y	L	E	V	A	Z	C	P	S	Y	G	Z	P	J	A
E	B	D	G	M	I	L	A	I	C	R	E	M	O	C
D	Ú	E	E	O	G	S	Q	Ç	N	R	Á	D	I	O
U	P	I	C	S	T	U	J	V	Ã	I	U	V	B	F
C	I	N	D	Ú	S	T	R	I	A	O	Ã	S	L	A
A	T	E	L	E	V	I	S	Ã	O	K	Q	O	J	T
Ç	F	I	N	A	N	C	I	A	M	E	N	T	O	O
Ã	Y	E	U	P	L	B	E	N	P	L	H	B	O	S
O	Ç	I	T	D	I	G	I	T	A	L	A	C	O	L

ATITUDES
COMERCIAL
COMUNICAÇÃO
DIGITAL
EDIÇÃO
EDUCAÇÃO
FATOS
FINANCIAMENTO
FOTOS
JORNAIS
INDIVIDUAL
INDÚSTRIA
INTELECTUAL
LOCAL
ONLINE
OPINIÃO
PÚBLICO
RÁDIO
REDE
TELEVISÃO

22 - Forza e Gravità

D	M	A	G	N	E	T	I	S	M	O	H	E	K	A
W	I	E	K	Q	U	U	N	I	V	E	R	S	A	L
V	X	N	P	E	S	O	S	A	T	E	N	A	L	P
S	E	D	Â	R	A	P	I	D	E	Z	B	T	L	Q
E	B	Ç	B	M	M	M	U	I	E	N	A	R	X	O
D	C	E	A	C	I	N	Â	C	E	M	O	E	U	Ã
A	C	I	S	Í	F	C	R	C	F	P	R	B	M	S
D	V	Q	N	A	B	G	O	X	I	E	T	O	T	N
E	P	Q	I	B	I	D	I	S	T	Â	N	C	I	A
I	I	M	Y	Ç	Ó	M	C	R	F	Q	E	S	A	P
R	Q	K	I	U	Z	R	P	Q	O	Z	C	E	T	X
P	R	E	S	S	Ã	O	B	A	H	Y	U	D	R	E
O	P	M	E	T	J	L	B	I	C	J	N	Y	I	L
R	Ç	Y	H	E	O	E	I	Ç	T	T	K	S	T	M
P	M	O	V	I	M	E	N	T	O	A	O	U	O	L

EIXO
ATRITO
CENTRO
DINÂMICO
DISTÂNCIA
EXPANSÃO
FÍSICA
IMPACTO
MAGNETISMO
MECÂNICA

MOVIMENTO
ÓRBITA
PESO
PLANETAS
PRESSÃO
PROPRIEDADES
DESCOBERTA
TEMPO
UNIVERSAL
RAPIDEZ

23 - Sport

C	M	Ú	S	C	U	L	O	S	E	F	V	Y	R	I
L	I	I	G	O	C	O	R	P	O	A	T	C	M	Y
O	K	C	E	Ã	D	W	D	A	N	Ç	A	N	D	O
C	B	S	L	Ç	T	Ç	Z	Z	O	U	S	H	P	F
A	J	J	T	I	J	H	O	Y	Y	L	R	T	O	X
P	N	N	E	R	S	F	N	V	E	S	A	G	E	A
A	T	E	L	T	A	M	A	W	Y	N	Z	B	Ç	I
C	O	F	M	U	I	R	O	D	A	N	I	E	R	T
I	S	Q	R	N	J	V	V	N	T	A	M	D	Y	Ç
D	S	G	W	A	Y	O	O	F	E	V	I	Ú	S	U
A	O	Z	D	K	P	C	G	S	I	Y	X	A	A	V
D	S	F	O	R	Ç	A	U	G	D	J	A	S	V	J
E	E	S	P	O	R	T	E	S	I	M	M	S	L	W
P	R	O	G	R	A	M	A	Z	F	N	Ç	N	C	Y
M	E	T	A	B	Ó	L	I	C	O	U	G	N	H	J

TREINADOR
ATLETA
CAPACIDADE
CICLISMO
CORPO
DANÇANDO
DIETA
FORÇA
JOGGING
MAXIMIZAR
METABÓLICO
MÚSCULOS
NUTRIÇÃO
OBJETIVO
OSSOS
PROGRAMA
SAÚDE
ESPORTES

24 - Uccelli

J	U	M	U	L	W	Ç	K	A	L	A	D	R	A	P
B	Q	V	Ç	W	Ç	W	F	N	H	V	B	J	H	Ç
V	B	C	M	G	Ç	K	Q	J	B	E	O	M	N	E
V	H	U	F	R	A	N	G	O	C	S	K	K	O	W
G	B	C	P	I	D	Y	J	Ã	U	T	E	D	G	P
A	Ç	O	N	A	C	U	T	V	D	R	G	X	E	I
N	Y	A	I	M	P	Q	R	A	Q	U	A	Y	C	V
S	Y	K	G	N	E	A	L	P	H	Z	R	Y	B	H
O	J	Y	Q	Ç	J	R	G	Á	Ç	J	Ç	V	I	R
Y	X	I	A	T	O	V	I	A	G	Ç	A	B	N	V
Q	X	P	X	T	K	F	Q	V	I	U	S	H	C	O
M	S	O	G	N	I	M	A	L	F	O	I	E	I	H
Ç	C	M	P	I	N	G	U	I	M	I	I	A	S	S
S	Q	B	O	V	O	N	Q	F	P	A	T	O	N	W
Z	Y	O	N	A	C	I	L	E	P	D	S	B	E	N

GARÇA
PATO
ÁGUIA
CEGONHA
CISNE
POMBA
CUCO
FLAMINGO
GAIVOTA
GANSO
PAPAGAIO
PARDAL
PAVÃO
PELICANO
POMBO
PINGUIM
FRANGO
AVESTRUZ
TUCANO
OVO

25 - Giorni e Mesi

C	A	F	C	R	H	U	O	T	S	O	G	A	N	S
W	A	F	J	O	H	N	U	J	E	O	X	Ç	O	E
R	C	L	G	R	R	I	T	Y	P	R	R	O	V	M
N	O	G	E	S	M	N	U	U	B	B	Ç	D	E	A
A	Q	Ç	J	N	X	O	B	P	T	M	U	A	M	N
Z	N	U	U	F	D	G	R	E	U	E	E	B	B	A
N	D	G	L	V	E	Á	O	R	N	Z	O	Á	R	W
M	M	H	H	I	G	V	R	V	U	E	D	S	O	M
A	I	F	O	U	P	Z	E	I	A	D	W	O	R	J
S	E	T	E	M	B	R	O	R	O	Z	F	G	I	U
Ê	C	U	C	H	E	M	N	H	E	C	M	N	E	A
M	L	G	Y	A	B	R	I	L	E	I	S	I	N	N
Q	U	A	R	T	A	F	E	I	R	A	R	M	A	O
S	E	G	U	N	D	A	F	E	I	R	A	O	J	U
S	E	X	T	A	F	E	I	R	A	E	L	D	G	Y

AGOSTO
ANO
ABRIL
CALENDÁRIO
DEZEMBRO
DOMINGO
FEVEREIRO
JANEIRO
JUNHO
JULHO
SEGUNDA-FEIRA
TERÇA
QUARTA-FEIRA
MÊS
NOVEMBRO
OUTUBRO
SÁBADO
SETEMBRO
SEMANA
SEXTA-FEIRA

26 - Casa

L	Ç	U	W	Q	F	Q	Y	H	G	Z	U	B	V	Ç
Y	A	L	E	N	A	J	U	T	E	T	O	I	A	E
D	H	R	D	D	M	E	G	A	R	A	G	B	S	P
C	N	E	E	T	I	D	O	H	R	M	X	L	S	Z
I	I	P	X	I	D	G	W	Ç	O	T	F	I	O	J
T	Z	B	P	X	R	C	E	R	C	A	O	O	U	X
L	O	S	I	P	A	A	T	R	O	P	R	T	R	R
Y	C	X	J	Y	J	O	Ã	T	Ó	S	I	E	A	Y
T	A	P	E	T	E	Ç	L	O	G	U	E	C	R	F
P	E	S	P	E	L	H	O	R	C	K	V	A	S	I
I	A	H	T	T	W	N	X	N	H	T	U	B	A	J
R	G	R	V	P	A	R	R	E	A	G	H	F	R	Q
U	X	U	E	G	Q	E	Q	I	V	Ç	C	U	L	E
Ç	Y	E	C	D	U	Q	V	R	E	G	W	K	S	R
O	D	A	H	L	E	T	S	A	S	Q	P	M	Z	Y

SÓTÃO
BIBLIOTECA
QUARTO
LAREIRA
CHAVES
COZINHA
CHUVEIRO
JANELA
GARAGEM
JARDIM

PAREDE
PISO
PORTA
CERCA
TORNEIRA
VASSOURA
TETO
ESPELHO
TAPETE
TELHADO

27 - Fantascienza

O	W	H	K	O	Q	G	M	V	Ç	V	V	L	G	C
S	Y	Q	R	R	A	A	A	Ç	C	Q	W	I	N	I
O	R	L	Y	Á	R	T	T	L	I	P	L	V	T	N
I	O	B	J	C	O	Ó	S	E	Á	Ç	K	R	Z	E
R	M	B	L	U	B	M	I	P	I	X	A	O	D	M
E	E	A	Ç	L	Ô	I	R	L	Y	J	I	S	I	A
T	R	P	G	O	S	C	U	A	K	Ç	P	A	S	I
S	T	M	G	I	M	O	T	N	J	Z	O	T	T	G
I	X	U	D	P	N	P	U	E	D	L	T	S	O	O
M	E	N	Z	Ç	Ç	Á	F	T	S	G	U	I	P	L
K	J	D	H	R	C	M	R	A	K	K	H	L	I	O
F	H	O	P	T	Y	K	Y	I	M	M	G	A	A	N
O	O	Ã	S	U	L	I	K	Q	O	U	Ç	E	H	C
M	U	G	E	X	P	L	O	S	Ã	O	S	R	O	E
U	X	R	O	C	I	T	S	Á	T	N	A	F	D	T

ATÓMICO
CINEMA
DISTOPIA
EXPLOSÃO
EXTREMO
FANTÁSTICO
FOGO
FUTURISTA
GALÁXIA
ILUSÃO
IMAGINÁRIO
LIVROS
MISTERIOSO
MUNDO
ORÁCULO
PLANETA
REALISTA
ROBÔS
TECNOLOGIA
UTOPIA

28 - Città

H	C	Q	O	C	N	A	B	D	M	H	U	E	F	C
V	C	B	G	I	V	M	S	A	U	D	H	S	F	Z
M	K	T	E	N	R	Z	U	Y	S	E	G	T	Y	P
L	E	M	C	E	W	T	D	R	E	A	B	Á	U	V
C	T	R	M	M	Q	K	H	M	U	J	Z	D	F	F
P	N	I	C	A	I	C	Á	M	R	A	F	I	E	P
A	A	G	T	A	R	L	F	W	U	J	G	O	V	K
E	R	D	O	N	D	W	L	C	L	Í	N	I	C	A
R	U	L	A	N	Ç	O	O	B	U	E	G	K	K	L
O	A	O	B	R	B	R	R	W	J	F	T	T	U	O
P	T	J	G	K	I	T	I	E	J	N	I	O	W	C
O	S	A	P	Y	U	A	S	Y	I	I	V	Ç	H	S
R	E	I	N	A	C	E	T	O	I	L	B	I	B	E
T	R	L	J	F	K	T	A	I	R	E	L	A	G	I
O	S	U	P	E	R	M	E	R	C	A	D	O	Q	T

AEROPORTO
BANCO
BIBLIOTECA
CINEMA
CLÍNICA
FARMÁCIA
FLORISTA
GALERIA
HOTEL

MERCADO
MUSEU
LOJA
PADARIA
RESTAURANTE
ESCOLA
ESTÁDIO
SUPERMERCADO
TEATRO

29 - Fattoria #1

A	S	C	G	Z	G	B	C	V	C	E	R	C	A	Y
B	X	E	A	C	P	O	A	A	F	T	Á	G	U	A
E	U	N	M	V	E	M	M	C	U	N	A	B	A	R
L	E	M	Y	E	A	U	P	A	K	A	X	E	R	E
H	I	H	H	J	N	L	O	J	N	Z	T	Z	R	B
A	S	Q	E	F	S	T	O	Z	F	I	V	E	O	A
G	A	T	O	Y	W	C	E	X	E	L	A	R	Z	N
U	P	F	Ç	G	Z	Q	Y	S	N	I	P	R	S	H
Q	J	Y	Z	E	Y	Y	A	T	O	T	F	O	M	O
C	H	F	Z	R	D	O	A	E	H	R	R	P	T	P
B	Ã	F	C	A	B	R	A	D	U	E	A	O	E	Ç
P	D	O	T	Q	U	R	N	F	A	F	N	R	A	G
F	Q	Ç	D	A	Q	U	E	S	O	Y	G	C	G	P
P	G	L	E	K	Y	B	Z	I	O	M	O	O	L	Z
Z	X	Y	A	G	R	I	C	U	L	T	U	R	A	D

ÁGUA
AGRICULTURA
ABELHA
BURRO
CAMPO
CÃO
CABRA
CAVALO
FERTILIZANTE
FENO
GATO
REBANHO
PORCO
MEL
VACA
FRANGO
CERCA
ARROZ
SEMENTES
BEZERRO

30 - Psicologia

C	R	S	E	N	S	A	Ç	Ã	O	N	S	I	Ç	V
H	O	Ã	Ç	P	E	C	R	E	P	H	U	N	M	T
N	G	N	I	N	F	Â	N	C	I	A	B	F	F	D
P	E	E	F	R	O	C	I	N	Í	L	C	L	Z	X
N	R	V	Y	L	N	K	G	J	Q	Q	O	U	P	O
A	Y	O	Ç	A	I	P	A	R	E	T	N	Ê	B	C
N	Z	W	B	B	T	T	T	D	P	Q	S	N	K	O
R	H	B	E	L	M	N	O	P	Z	J	C	C	E	G
J	C	W	A	V	E	H	B	Ç	G	X	I	I	M	N
M	H	M	S	S	O	M	Ç	P	G	G	E	A	O	I
U	D	X	I	R	Ç	Y	A	F	H	J	N	S	Ç	Ç
P	E	N	S	A	M	E	N	T	O	S	T	K	Õ	Ã
E	D	A	D	I	L	A	N	O	S	R	E	P	E	O
C	O	M	P	R	O	M	I	S	S	O	T	N	S	O
W	R	E	A	L	I	D	A	D	E	J	R	H	X	D

COMPROMISSO
CLÍNICO
COGNIÇÃO
CONFLITO
EGO
EMOÇÕES
INFÂNCIA
INFLUÊNCIAS
PENSAMENTOS
PERCEPÇÃO
PERSONALIDADE
PROBLEMA
REALIDADE
SENSAÇÃO
SUBCONSCIENTE
TERAPIA

31 - Paesaggi

R	N	O	K	L	T	P	T	M	K	H	P	K	V	M
D	U	Ç	S	A	U	R	U	S	C	T	E	V	R	A
X	E	V	O	G	N	A	H	N	A	T	N	O	M	R
C	L	S	Q	O	D	I	R	M	X	R	Í	N	M	U
U	A	L	E	I	R	A	H	U	T	E	N	A	F	E
B	V	S	P	R	A	O	Á	S	I	S	S	E	X	R
L	G	F	C	B	T	H	S	V	C	Y	U	C	B	Y
S	E	A	M	A	P	O	L	G	L	E	L	O	T	C
Ç	Y	H	C	A	T	N	E	I	K	G	A	L	Ç	A
V	U	L	C	Ã	O	A	I	C	E	B	E	R	G	V
Y	R	F	Ç	U	W	T	G	E	L	E	I	R	A	E
M	Z	Y	D	O	J	N	P	P	T	Y	M	D	Ç	R
L	N	R	R	P	D	Â	C	O	L	I	N	A	N	N
N	V	D	L	R	X	P	N	A	V	X	T	L	B	A
P	F	J	N	L	T	Ç	D	Z	G	M	U	A	R	A

CASCATA
COLINA
DESERTO
RIO
GEYSER
GELEIRA
CAVERNA
ICEBERG
ILHA
LAGO
MAR
MONTANHA
OÁSIS
OCEANO
PÂNTANO
PENÍNSULA
PRAIA
TUNDRA
VALE
VULCÃO

32 - Energia

I	T	C	C	W	H	R	R	F	K	Z	S	O	P	A
N	U	O	A	Ç	A	I	P	O	R	T	N	E	O	M
D	R	M	L	Q	R	Z	D	J	X	Y	I	K	L	B
Ú	B	B	O	I	A	T	Y	R	O	P	A	V	U	I
S	I	U	R	L	E	V	Á	V	O	N	E	R	I	E
T	N	S	D	V	L	J	C	Z	C	G	J	I	Ç	N
R	A	T	I	E	C	T	S	J	I	O	Ê	A	Ã	T
I	I	Í	E	N	U	G	L	K	R	Q	A	N	O	E
A	R	V	S	T	N	U	B	Ç	T	O	P	I	I	N
D	E	E	E	O	O	N	H	Y	É	N	M	L	O	O
C	T	L	L	R	T	M	O	U	L	O	C	O	J	R
X	A	P	V	U	Ó	F	C	Q	E	B	P	S	U	T
O	B	I	D	F	F	M	O	T	O	R	T	A	K	É
B	J	T	D	J	G	W	U	N	J	A	Y	G	M	L
P	Z	F	D	B	V	T	H	G	U	C	P	K	G	E

AMBIENTE
BATERIA
GASOLINA
CALOR
CARBONO
COMBUSTÍVEL
DIESEL
ELÉTRICO
ELÉTRON
ENTROPIA
FÓTON
HIDROGÊNIO
INDÚSTRIA
POLUIÇÃO
MOTOR
NUCLEAR
RENOVÁVEL
TURBINA
VAPOR
VENTO

33 - Ristorante #2

S	H	E	L	Ç	J	L	A	E	J	F	U	C	J	W
F	V	T	O	V	O	E	D	S	D	L	M	K	V	U
K	R	L	V	O	B	G	M	P	A	L	M	O	Ç	O
I	A	U	I	H	Ç	U	U	E	U	U	T	F	V	Y
Y	T	M	T	X	G	M	C	C	G	W	M	R	H	N
Q	N	Y	I	A	E	E	X	I	Á	W	G	A	R	M
T	A	Z	R	F	L	S	Q	A	P	Q	B	G	U	F
I	J	H	E	C	O	P	W	R	K	E	M	Y	Ç	B
S	F	V	P	T	O	W	N	I	C	O	I	H	L	E
O	T	Ç	A	J	W	L	Z	A	Z	N	R	X	T	B
S	A	L	A	D	A	Y	H	S	D	C	D	M	E	I
S	Z	S	A	L	J	J	N	E	U	I	W	L	C	D
C	A	D	E	I	R	A	V	L	R	B	O	L	O	A
N	O	Z	R	S	O	P	A	G	A	R	Ç	O	M	O
C	R	L	H	D	E	L	I	C	I	O	S	O	M	Ç

ÁGUA
APERITIVO
BEBIDA
GARÇOM
JANTAR
COLHER
DELICIOSO
GARFO
FRUTA
GELO
SALADA
SOPA
PEIXE
ALMOÇO
SAL
CADEIRA
ESPECIARIAS
BOLO
OVO
LEGUMES

34 - Giardino

H	O	G	I	G	A	G	J	T	B	K	Ç	Y	B	M
N	T	S	U	Q	R	A	A	E	J	L	K	O	A	A
Z	B	R	Ç	K	I	R	R	R	M	A	G	Ç	N	N
Á	R	V	O	R	E	A	D	R	A	C	R	E	C	G
F	V	L	L	D	D	G	I	A	D	M	O	R	O	U
T	T	T	O	X	I	E	M	Ç	N	M	O	B	D	E
W	O	H	S	Q	V	M	V	O	A	W	T	P	A	I
T	R	A	M	P	O	L	I	M	R	C	S	F	M	R
F	H	D	O	H	N	I	C	N	A	M	U	L	A	A
E	Z	D	K	G	Q	R	D	R	V	A	B	O	R	P
T	A	N	E	O	A	Ç	D	Z	V	C	R	R	G	Z
X	P	Á	S	H	Z	L	J	F	R	A	A	X	G	X
O	X	Q	B	J	W	F	A	L	J	G	W	G	L	E
X	J	E	C	O	Y	C	I	T	B	H	S	A	G	E
L	H	S	H	K	M	D	Ç	G	Ç	G	R	A	M	A

ÁRVORE
MACA
ARBUSTO
GRAMA
FLOR
POMAR
GARAGEM
JARDIM
PÁ
BANCO

VARANDA
GRAMADO
ANCINHO
CERCA
LAGOA
SOLO
TERRAÇO
TRAMPOLIM
MANGUEIRA
VIDEIRA

35 - Riscaldamento Globale

A	H	S	P	K	U	T	J	X	S	K	I	L	T	C
M	A	L	O	N	R	E	V	O	G	H	N	E	E	O
B	B	J	P	R	S	V	B	S	E	C	T	G	M	N
I	I	Z	U	V	U	B	E	L	N	P	E	I	P	S
E	T	G	L	E	O	T	Q	H	E	U	R	S	E	E
N	A	B	A	H	M	H	U	U	R	L	N	L	R	Q
T	T	K	Ç	Z	Ç	V	K	F	G	W	A	A	A	U
A	S	V	Õ	C	L	I	M	A	I	A	C	Ç	T	Ê
L	A	O	E	S	C	J	Z	Q	A	I	I	Ã	U	N
M	C	Ã	S	E	Õ	Ç	A	R	E	G	O	O	R	C
V	E	Ç	M	H	J	A	G	O	R	A	N	C	A	I
E	S	N	P	Ç	Z	U	D	B	V	B	A	I	S	A
C	I	E	N	T	I	S	T	A	O	W	L	T	X	S
H	R	T	D	A	D	O	S	Q	B	F	S	R	E	K
I	C	A	I	R	T	S	Ú	D	N	I	G	Á	S	R

AMBIENTAL
ÁRTICO
ATENÇÃO
CLIMA
CONSEQUÊNCIAS
CRISE
DADOS
ENERGIA
FUTURO
GÁS

GERAÇÕES
GOVERNO
HABITATS
INDÚSTRIA
INTERNACIONAL
LEGISLAÇÃO
AGORA
POPULAÇÕES
CIENTISTA
TEMPERATURAS

36 - Frutta

A	U	V	A	A	Y	L	Q	Ç	A	Ç	W	W	M	U
M	B	V	D	U	F	H	I	X	A	C	A	B	A	Y
O	R	J	C	A	G	N	A	M	L	I	F	D	N	C
R	B	O	D	R	E	A	J	H	Ã	M	E	L	Ã	O
A	A	N	M	E	H	X	E	B	Ç	O	P	O	R	C
S	N	P	E	P	J	H	R	A	A	K	N	N	T	S
T	A	Ê	C	C	T	V	E	G	M	C	I	F	W	A
S	N	S	O	E	T	A	C	A	B	A	P	W	F	M
V	A	S	W	C	U	A	D	F	V	X	U	Z	I	A
M	I	E	J	L	O	O	R	O	E	I	L	Q	W	D
Q	I	G	T	Z	K	M	I	I	V	E	O	P	Ç	C
K	Q	O	Ã	M	A	M	Z	R	N	M	V	U	N	X
L	A	R	A	N	J	A	S	H	Z	A	X	Y	H	J
F	B	O	Z	T	S	O	W	A	Q	J	X	Q	Z	Y
N	N	F	B	F	R	A	M	B	O	E	S	A	G	G

DAMASCO
ABACAXI
LARANJA
ABACATE
BAGA
BANANA
CEREJA
KIWI
FRAMBOESA
LIMÃO
MANGA
MAÇÃ
MELÃO
AMORA
NECTARINA
MAMÃO
PERA
PÊSSEGO
AMEIXA
UVA

37 - Fattoria #2

T	R	E	Z	F	R	E	B	E	W	R	O	T	A	P
L	R	T	M	A	D	U	R	O	D	A	R	P	T	I
F	D	I	S	I	M	Q	H	P	U	L	I	Ç	R	C
I	O	E	G	S	I	A	M	I	N	A	E	L	A	P
F	Ã	L	M	O	Y	N	H	B	P	W	L	A	T	F
G	Ç	Y	Y	L	C	W	H	L	Q	L	E	U	O	F
A	A	G	R	I	C	U	L	T	O	R	C	U	R	D
N	G	P	Q	S	J	K	S	Ç	I	M	R	E	G	M
S	I	I	O	R	I	E	D	R	O	C	L	S	E	J
O	R	J	D	M	E	F	R	J	V	O	R	R	I	J
H	R	O	T	S	A	P	T	Ç	P	F	D	W	F	O
L	I	O	M	X	B	R	C	E	V	A	D	A	F	P
I	X	O	E	V	L	I	H	Q	V	G	S	O	L	Y
M	L	J	V	I	Y	Z	O	Z	F	R	U	T	A	M
O	V	E	L	H	A	I	E	M	L	O	C	Ç	K	J

CORDEIRO
AGRICULTOR
COLMEIA
PATO
ANIMAIS
CELEIRO
FRUTA
POMAR
TRIGO
IRRIGAÇÃO
LHAMA
LEITE
MILHO
MADURO
GANSO
CEVADA
PASTOR
OVELHA
PRADO
TRATOR

38 - Verdure

B	P	S	E	A	R	O	B	Ó	B	A	T	H	Ç	Q
M	A	A	P	D	O	C	R	E	C	O	O	U	D	Z
B	R	T	I	F	J	H	Ó	R	E	T	A	M	O	T
E	F	W	A	P	A	A	C	F	B	J	S	A	B	Ç
R	O	U	V	T	O	L	O	A	O	R	L	R	A	W
I	H	C	Q	F	A	O	L	N	L	W	A	U	N	X
N	C	I	O	O	X	T	I	I	A	D	S	O	H	F
G	A	Y	A	G	A	A	S	P	E	P	I	N	O	C
E	C	V	A	A	U	W	P	S	X	W	Ç	E	K	W
L	L	D	D	L	M	M	W	E	Y	I	D	C	Z	X
A	A	X	A	H	I	H	E	R	B	I	G	N	E	G
U	G	I	L	O	N	A	H	L	I	V	R	E	S	T
R	A	B	A	N	E	T	E	A	O	J	C	T	R	U
U	S	Z	S	W	H	D	K	C	K	Y	Y	G	H	Q
I	M	H	L	B	K	W	O	M	G	A	J	F	U	Q

ALHO
BRÓCOLIS
ALCACHOFRA
CENOURA
PEPINO
CEBOLA
COGUMELO
SALADA
BERINGELA
BATATA
ERVILHA
TOMATE
SALSA
NABO
RABANETE
CHALOTA
AIPO
ESPINAFRE
GENGIBRE
ABÓBORA

39 - Musica

U	O	U	F	W	T	I	L	C	K	Y	N	N	L	U
H	A	R	M	O	N	I	A	Í	A	D	A	L	A	B
U	W	C	I	Á	L	B	U	M	R	N	U	B	C	M
Ç	R	Í	T	M	I	C	O	J	R	I	T	A	O	U
P	D	H	V	S	M	Ú	S	I	C	O	C	A	V	S
M	O	T	N	E	M	U	R	T	S	N	I	O	R	I
I	G	É	Q	U	W	I	H	T	J	X	N	G	D	C
C	R	D	T	C	A	N	T	O	R	R	E	V	I	A
R	A	F	A	I	D	O	L	E	M	O	T	D	Y	L
O	V	W	R	T	C	R	C	L	Á	S	S	I	C	O
F	A	J	E	X	K	O	E	N	T	Z	C	I	H	N
O	Ç	D	P	O	T	C	W	U	P	D	K	S	G	W
N	Ã	J	Ó	H	A	R	M	Ô	N	I	C	O	R	M
E	O	R	P	M	X	J	K	J	Y	H	N	P	Z	B
E	F	R	I	T	M	O	Z	O	I	S	T	T	U	T

ÁLBUM
HARMONIA
HARMÔNICO
BALADA
CANTOR
CANTAR
CLÁSSICO
CORO
LÍRICO
MELODIA
MICROFONE
MUSICAL
MÚSICO
ÓPERA
POÉTICO
GRAVAÇÃO
RÍTMICO
RITMO
INSTRUMENTO
VOCAL

40 - Barbecue

K	F	F	R	A	N	G	O	Q	C	B	T	M	V	S
B	A	T	U	R	F	B	M	R	O	E	S	P	P	A
Z	M	P	I	M	E	N	T	A	N	C	O	R	P	Ç
E	Í	F	C	Y	U	T	A	T	V	N	J	Z	X	V
K	L	Q	A	E	M	O	F	N	I	O	I	T	A	K
Y	I	H	I	C	B	J	O	A	T	L	Q	O	L	H
M	A	J	S	A	A	O	M	J	E	F	N	M	M	O
V	V	O	S	G	B	S	L	Ú	F	Q	V	A	O	Y
M	X	G	S	A	D	A	L	A	S	K	D	T	Ç	A
V	C	O	M	O	L	H	O	H	S	I	W	E	O	E
T	U	S	S	A	L	J	P	Q	W	T	C	S	Ã	P
N	R	S	Y	J	G	R	E	L	H	A	E	A	R	P
Z	Y	R	M	S	N	T	B	Z	B	X	L	P	E	B
L	E	G	U	M	E	S	Ç	T	Q	I	S	P	V	Z
S	B	Z	Z	X	R	Q	U	E	N	T	E	S	U	L

QUENTE
JANTAR
CEBOLAS
FACAS
VERÃO
FOME
FAMÍLIA
FRUTA
JOGOS
GRELHA

SALADAS
CONVITE
MÚSICA
PIMENTA
FRANGO
TOMATES
ALMOÇO
SAL
MOLHO
LEGUMES

41 - Fisica

D	Q	D	K	E	D	A	D	I	V	A	R	G	M	H
A	T	G	M	O	X	L	O	L	F	J	K	E	A	G
M	C	A	A	P	F	U	X	J	V	X	X	I	G	V
O	F	E	L	V	C	C	B	G	G	Q	U	O	N	O
L	R	D	L	U	O	Í	G	X	Z	Á	V	Ã	E	J
É	E	A	O	E	M	T	L	G	S	A	S	S	T	N
C	Q	D	G	K	R	R	A	E	L	C	U	N	I	N
U	U	I	J	O	I	A	Ó	Y	K	I	Y	A	S	O
L	Ê	S	C	F	J	P	Ç	F	U	N	N	P	M	R
A	N	N	V	J	K	Ç	T	Ã	S	Â	D	X	O	T
Ç	C	E	U	N	D	P	R	K	O	C	Q	E	F	É
O	I	D	P	Y	J	U	N	I	V	E	R	S	A	L
L	A	D	V	S	U	R	O	T	O	M	D	O	B	E
R	E	L	A	T	I	V	I	D	A	D	E	A	H	W
Q	U	Í	M	I	C	O	M	O	T	Á	Ç	C	H	B

ACELERAÇÃO
ÁTOMO
CAOS
QUÍMICO
DENSIDADE
ELÉTRON
EXPANSÃO
FÓRMULA
FREQUÊNCIA
GÁS
GRAVIDADE
MAGNETISMO
MECÂNICA
MOLÉCULA
MOTOR
NUCLEAR
PARTÍCULA
RELATIVIDADE
UNIVERSAL

42 - Agronomia

F	E	R	T	I	L	I	Z	A	N	T	E	Y	I	E
I	D	E	N	T	I	F	I	C	A	Ç	Ã	O	W	C
P	R	O	D	U	Ç	Ã	O	L	O	S	Q	S	Ç	O
U	D	O	C	I	N	Â	G	R	O	W	J	H	N	L
Q	P	Y	A	R	U	T	L	U	C	I	R	G	A	O
Á	R	N	L	Y	E	T	N	E	I	B	M	A	I	G
C	G	I	V	F	X	S	E	S	T	U	D	O	G	I
Y	W	U	P	P	X	Z	C	O	F	I	I	Ã	R	A
D	I	S	A	M	E	T	S	I	S	W	S	S	E	I
W	O	Ã	Ç	I	U	L	O	P	M	L	A	O	N	C
A	O	E	A	O	J	T	R	H	B	E	K	R	E	N
W	F	H	N	V	L	Q	N	V	Q	G	N	E	D	Ê
O	N	E	D	Ç	R	U	R	A	L	W	C	T	F	I
E	T	Q	R	Y	A	S	I	U	Q	S	E	P	O	C
K	E	U	I	N	C	S	S	E	M	E	N	T	E	S

ÁGUA
AGRICULTURA
AMBIENTE
CRESCIMENTO
ECOLOGIA
ENERGIA
EROSÃO
FERTILIZANTE
IDENTIFICAÇÃO
POLUIÇÃO
DOENÇAS
ORGÂNICO
PRODUÇÃO
PESQUISA
RURAL
CIÊNCIA
SEMENTES
SISTEMAS
ESTUDO
SOLO

43 - Erboristeria

J	M	A	N	J	E	R	O	N	A	N	Y	W	C	H
A	C	L	E	D	A	D	I	L	A	U	Q	M	S	V
R	U	U	T	N	W	E	K	L	A	V	A	N	D	A
D	L	M	N	R	L	J	X	U	R	P	N	D	H	A
I	I	M	E	B	A	Ç	A	F	R	Ã	O	G	R	Q
M	N	A	I	Y	O	J	E	C	L	N	V	B	J	D
M	Á	N	D	R	H	T	B	V	T	G	Y	R	I	D
E	R	J	E	O	C	S	O	Ã	G	A	R	T	S	E
N	I	E	R	L	N	E	H	S	V	W	F	J	J	W
T	O	R	G	F	U	T	L	G	A	E	U	J	H	G
A	Z	I	N	I	F	M	I	A	F	L	R	X	U	Y
Ç	W	C	I	P	H	A	M	H	Z	G	S	D	D	P
J	Z	Ã	J	F	R	W	O	R	D	N	E	A	E	K
E	Y	O	H	L	A	G	T	O	R	É	G	A	N	O
P	R	F	O	C	K	A	R	O	M	Á	T	I	C	O

ALHO
ENDRO
AROMÁTICO
MANJERICÃO
CULINÁRIO
ESTRAGÃO
FUNCHO
FLOR
JARDIM
INGREDIENTE
LAVANDA
MANJERONA
MENTA
ORÉGANO
SALSA
QUALIDADE
ALECRIM
TOMILHO
VERDE
AÇAFRÃO

44 - Danza

P	C	Ç	P	W	K	A	S	R	M	Y	I	U	G	L
A	U	C	F	N	D	O	T	N	E	M	I	V	O	M
R	L	O	O	V	O	C	B	T	R	Q	C	K	J	M
C	T	V	X	H	H	I	E	M	O	Ç	Ã	O	L	Z
E	U	I	Z	O	H	S	A	R	A	T	L	A	S	B
I	R	S	E	C	R	S	L	S	N	I	F	I	K	W
R	A	S	T	G	Y	Á	H	Ç	N	H	X	F	B	M
O	L	E	R	G	E	L	A	I	M	E	D	A	C	A
S	T	R	A	D	I	C	I	O	N	A	L	R	C	T
O	I	P	R	H	A	R	M	G	M	H	N	G	U	M
G	A	X	C	K	I	J	K	V	U	T	W	O	L	Ú
F	F	E	M	O	L	Y	G	K	K	F	I	E	T	S
D	Q	X	E	V	R	G	R	A	Ç	A	G	R	U	I
V	I	S	U	A	L	P	A	S	O	G	R	O	R	C
T	I	A	R	U	T	S	O	P	L	V	G	C	A	A

ACADEMIA
ARTE
CLÁSSICO
PARCEIRO
COREOGRAFIA
CORPO
CULTURA
CULTURAL
EMOÇÃO
EXPRESSIVO
ALEGRE
GRAÇA
MOVIMENTO
MÚSICA
POSTURA
ENSAIO
RITMO
SALTAR
TRADICIONAL
VISUAL

45 - Biologia

X	R	T	U	D	L	S	Z	D	S	X	I	Ç	M	L
C	O	L	A	G	É	N	I	O	D	Q	H	T	U	Z
N	I	J	M	L	B	E	C	Y	S	E	O	S	T	Z
T	N	S	O	V	U	A	L	Y	O	K	R	O	A	L
D	Ô	I	S	V	I	L	C	S	E	K	M	L	Ç	T
V	R	M	S	O	Q	C	É	T	I	Q	O	E	Ã	L
L	U	B	O	V	Z	W	K	C	É	G	N	S	O	R
S	E	I	M	R	É	P	T	I	L	R	A	S	H	S
F	N	O	O	E	M	B	R	I	Ã	O	I	Ç	J	I
U	J	S	R	N	N	A	T	U	R	A	L	A	E	N
O	D	E	C	A	N	A	T	O	M	I	A	M	S	A
F	O	T	O	S	S	Í	N	T	E	S	E	I	O	P
P	R	O	T	E	Í	N	A	I	Y	A	U	Z	M	S
M	A	M	Í	F	E	R	O	K	V	V	H	N	S	E
F	E	B	H	K	O	Ã	Ç	U	L	O	V	E	O	R

ANATOMIA
BACTÉRIAS
CÉLULA
COLAGÉNIO
CROMOSSOMA
EMBRIÃO
ENZIMA
EVOLUÇÃO
FOTOSSÍNTESE
MAMÍFERO
MUTAÇÃO
NATURAL
NERVO
NEURÔNIO
HORMONA
OSMOSE
PROTEÍNA
RÉPTIL
SIMBIOSE
SINAPSE

46 - Attività Commerciale

D	J	O	V	E	N	D	A	I	T	Y	N	Q	M	Y
P	I	T	M	O	E	D	A	N	R	M	R	W	A	J
A	Ç	N	A	N	I	F	Ç	V	A	H	M	K	O	L
W	L	O	H	W	R	R	R	E	N	P	N	S	I	Z
Y	D	C	V	E	E	Y	J	S	S	L	U	C	R	O
K	D	S	G	R	I	G	I	T	A	E	G	R	Ó	D
A	X	E	I	K	I	R	M	I	Ç	M	K	H	T	A
C	S	D	I	J	R	I	O	M	Ã	P	N	V	I	G
A	F	Á	B	R	I	C	A	E	O	R	J	T	R	E
R	C	Ç	U	M	P	V	M	N	U	E	A	A	C	R
R	U	J	Ç	Z	S	B	B	T	B	S	Ç	R	S	P
E	S	H	P	N	A	I	R	O	D	A	C	R	E	M
I	T	O	R	Ç	A	M	E	N	T	O	M	M	F	E
R	O	N	G	L	O	J	A	I	M	O	N	O	C	E
A	R	E	N	D	I	M	E	N	T	O	T	G	J	Ç

ORÇAMENTO
CARREIRA
CUSTO
EMPREGADO
ECONOMIA
FÁBRICA
FINANÇA
INVESTIMENTO
MERCADORIA
LOJA
LUCRO
RENDIMENTO
DESCONTO
EMPRESA
DINHEIRO
TRANSAÇÃO
ESCRITÓRIO
MOEDA
VENDA

47 - Fiori

P	A	P	O	U	L	A	C	Z	A	R	C	L	O	G
E	X	O	S	I	C	R	A	N	F	Z	C	R	R	A
L	P	C	M	K	M	M	I	E	B	G	F	Q	Q	I
J	A	S	M	I	M	A	A	L	A	T	É	P	U	B
Q	G	I	O	E	P	C	R	G	S	K	U	H	Í	U
U	M	B	R	S	S	N	A	G	N	X	Ç	E	D	Q
Q	I	I	Q	O	M	W	D	L	A	Ó	Z	D	E	U
Q	N	H	G	V	W	V	N	A	L	R	L	N	A	Ê
P	L	U	M	E	R	I	A	V	I	L	I	I	B	T
C	Y	L	S	R	V	P	Z	A	L	Í	R	D	A	U
O	F	T	Q	T	R	S	B	N	Á	R	O	B	A	L
P	E	Ô	N	I	A	B	C	D	S	I	S	Z	C	I
G	A	R	D	Ê	N	I	A	A	F	O	A	U	I	P
D	E	N	T	E	D	E	L	E	Ã	O	M	V	S	A
O	I	O	A	G	I	R	A	S	S	O	L	X	V	T

DENTE-DE-LEÃO
GARDÊNIA
JASMIM
LÍRIO
GIRASSOL
HIBISCO
LAVANDA
LILÁS
MAGNÓLIA
MARGARIDA
BUQUÊ
NARCISO
ORQUÍDEA
PAPOULA
PEÔNIA
PÉTALA
PLUMERIA
ROSA
TREVO
TULIPA

48 - Filantropia

D	P	R	O	G	R	A	M	A	S	F	V	E	P	C
D	E	D	A	D	I	S	O	R	E	N	E	G	Ú	O
C	P	S	O	D	N	U	F	L	O	D	Ç	S	B	M
O	E	D	A	D	I	T	S	E	N	O	H	Y	L	U
N	H	A	Ç	F	U	X	D	M	U	Ç	M	T	I	N
T	I	Ç	N	D	I	U	H	N	I	Z	D	J	C	I
A	Z	D	A	L	X	O	F	M	U	S	Z	Y	O	D
T	G	B	N	B	V	H	S	A	O	S	S	E	P	A
O	L	K	I	C	A	R	I	D	A	D	E	Ã	S	D
S	O	E	F	C	R	I	A	N	Ç	A	S	P	O	E
I	B	N	E	C	E	S	S	I	D	A	D	E	P	P
M	A	H	I	S	T	Ó	R	I	A	D	D	P	U	K
P	L	O	B	J	E	T	I	V	O	S	F	B	R	M
J	U	V	E	N	T	U	D	E	Y	Ç	Ç	K	G	F
H	U	M	A	N	I	D	A	D	E	E	G	B	N	Ç

CRIANÇAS
NECESSIDADE
CARIDADE
COMUNIDADE
CONTATOS
FINANÇA
FUNDOS
GENEROSIDADE
JUVENTUDE
GLOBAL
GRUPOS
MISSÃO
OBJETIVOS
HONESTIDADE
PESSOAS
PROGRAMAS
PÚBLICO
DESAFIOS
HISTÓRIA
HUMANIDADE

49 - Ecologia

S	U	S	T	E	N	T	Á	V	E	L	R	B	V	V
L	H	S	E	D	A	D	I	N	U	M	O	C	A	E
L	K	A	E	S	G	M	W	D	A	G	V	I	R	G
L	R	X	U	T	P	E	V	O	P	L	U	X	I	E
S	E	C	A	L	Q	É	D	P	K	Ç	S	P	E	T
U	V	L	K	A	H	V	C	H	Â	T	D	D	D	A
S	O	S	R	U	C	E	R	I	I	N	N	I	A	Ç
N	A	T	U	R	E	Z	A	F	E	A	T	R	D	Ã
Q	M	T	H	A	B	I	T	A	T	S	F	A	E	O
A	I	C	N	Ê	V	I	V	E	R	B	O	S	N	H
N	L	E	D	A	D	I	S	R	E	V	I	D	C	O
U	C	U	I	R	L	N	A	T	U	R	A	L	N	Y
A	C	C	U	O	F	P	I	Y	Z	Ç	P	O	K	Y
F	L	X	I	L	M	A	R	I	N	H	O	W	J	T
E	V	O	O	F	G	L	O	B	A	L	Z	U	Q	U

CLIMA
COMUNIDADES
DIVERSIDADE
FAUNA
FLORA
GLOBAL
HABITAT
MARINHO
NATUREZA
NATURAL
PÂNTANO
PLANTAS
RECURSOS
SECA
SOBREVIVÊNCIA
SUSTENTÁVEL
ESPÉCIES
VARIEDADE
VEGETAÇÃO

50 - Discipline Scientifiche

K	M	A	Y	P	A	C	T	F	S	X	A	Z	S	B
X	E	R	B	S	A	V	A	E	H	Z	N	O	O	I
B	T	Q	R	I	C	Ç	P	K	Y	U	A	O	C	O
A	E	U	A	C	I	N	Â	T	O	B	T	L	I	Q
G	O	E	I	O	N	Q	Q	L	Ç	U	O	O	O	U
E	R	O	G	L	Â	W	L	U	W	E	M	G	L	Í
O	O	L	O	O	C	K	D	R	Í	O	I	I	O	M
L	L	O	L	G	E	B	Y	R	D	M	A	A	G	I
O	O	G	O	I	M	N	D	K	T	K	I	E	I	C
G	G	I	R	A	I	G	O	L	O	C	E	C	A	A
I	I	A	U	B	I	O	L	O	G	I	A	G	A	D
A	A	Ç	E	M	I	N	E	R	A	L	O	G	I	A
U	R	T	N	L	I	N	G	U	Í	S	T	I	C	A
F	I	S	I	O	L	O	G	I	A	B	H	M	Z	C
I	M	U	N	O	L	O	G	I	A	K	D	X	S	A

ANATOMIA
ARQUEOLOGIA
BIOQUÍMICA
BIOLOGIA
BOTÂNICA
QUÍMICA
ECOLOGIA
FISIOLOGIA
GEOLOGIA
IMUNOLOGIA
LINGUÍSTICA
MECÂNICA
METEOROLOGIA
MINERALOGIA
NEUROLOGIA
PSICOLOGIA
SOCIOLOGIA
ZOOLOGIA

51 - Scienza

E	K	R	C	U	Á	M	Q	U	Í	M	I	C	O	C
P	V	T	Y	A	T	D	O	F	A	Y	T	A	J	H
P	H	O	U	F	O	A	D	L	Q	A	Z	R	K	F
O	U	A	L	W	M	D	O	P	É	I	R	D	T	Ó
B	Y	Ç	L	U	O	O	T	A	H	C	J	Z	S	S
F	L	N	Z	Ç	Ç	S	É	R	I	N	U	Ç	S	S
A	A	M	I	L	C	Ã	M	T	P	Ê	O	L	I	I
W	Z	T	Y	D	M	D	O	Í	Ó	I	R	R	A	L
I	E	Q	O	E	O	A	C	C	T	R	G	Y	R	S
P	R	N	S	P	V	J	Q	U	E	E	A	U	E	E
A	U	S	S	Y	K	F	D	L	S	P	N	O	N	I
O	T	E	R	T	R	J	U	A	E	X	I	F	I	Y
T	A	C	I	S	Í	F	D	S	G	E	S	J	M	L
E	N	G	R	A	V	I	D	A	D	E	M	G	N	E
O	B	S	E	R	V	A	Ç	Ã	O	K	O	A	S	K

ÁTOMO
QUÍMICO
CLIMA
DADOS
EXPERIÊNCIA
EVOLUÇÃO
FATO
FÍSICA
FÓSSIL
GRAVIDADE
HIPÓTESE
MÉTODO
MINERAIS
MOLÉCULAS
NATUREZA
ORGANISMO
OBSERVAÇÃO
PARTÍCULAS

52 - Imbarcazioni

T	Q	W	F	J	B	V	T	Ç	C	G	X	F	I	G
R	A	M	U	N	A	Q	F	X	H	Y	S	D	Z	J
I	G	Y	R	O	C	E	A	N	O	G	A	L	Z	Y
P	C	Ç	B	A	L	S	A	M	P	X	D	C	M	Q
U	C	O	R	D	A	Q	O	B	G	O	N	N	F	E
L	U	L	U	A	W	I	N	R	C	R	O	Y	T	Q
A	M	A	S	T	R	O	A	O	C	I	T	U	Á	N
Ç	D	D	Â	B	F	Q	C	T	U	E	T	Y	E	D
Ã	G	A	B	N	Ó	M	N	O	E	H	P	O	Ç	X
O	X	G	L	T	C	I	D	M	U	N	Y	R	K	E
P	E	N	K	Y	V	O	A	W	Q	I	R	I	O	Y
S	L	A	Y	E	G	V	R	S	A	R	K	E	Ç	E
Q	Z	J	H	Y	Ç	Ç	Q	A	I	A	O	L	K	K
E	R	D	B	T	K	K	É	R	A	M	L	E	Z	X
I	Q	P	E	I	O	M	V	Z	C	O	C	V	Q	Y

MASTRO
ÂNCORA
VELEIRO
BÓIA
CANOA
CORDA
TRIPULAÇÃO
RIO
CAIAQUE
LAGO

MAR
MARÉ
MARINHEIRO
MOTOR
NÁUTICO
OCEANO
ONDAS
BALSA
IATE
JANGADA

53 - Chimica

H	L	A	S	C	L	O	R	O	G	Á	S	C	T	G
X	Í	A	L	C	A	L	I	N	O	L	P	A	E	L
P	Q	P	E	S	O	C	I	M	Ó	T	A	T	M	U
L	U	W	N	M	I	M	D	N	Z	O	A	A	P	A
O	I	U	R	U	O	D	I	C	Á	A	L	L	E	Z
B	D	Í	O	N	C	L	U	Z	X	C	S	I	R	V
P	O	Ç	Z	O	K	L	É	X	B	Ç	Ç	S	A	F
A	V	A	M	I	Z	N	E	C	I	H	J	A	T	T
O	R	G	Â	N	I	C	O	A	U	E	C	D	U	C
C	V	Q	Z	É	O	K	A	G	R	L	V	O	R	I
H	G	X	S	G	Ç	R	W	F	X	X	A	R	A	Ç
O	Q	S	S	I	Ç	H	T	C	A	R	B	O	N	O
U	P	K	B	X	V	X	S	É	L	S	A	L	O	C
G	S	H	N	O	Z	F	Q	W	L	Y	L	A	G	D
H	I	D	R	O	G	Ê	N	I	O	E	Q	C	X	C

ÁCIDO
ALCALINO
ATÓMICO
CALOR
CARBONO
CATALISADOR
CLORO
ELÉTRON
ENZIMA
GÁS
HIDROGÊNIO
ÍON
LÍQUIDO
MOLÉCULA
NUCLEAR
ORGÂNICO
OXIGÉNIO
PESO
SAL
TEMPERATURA

54 - Api

C	E	C	O	S	S	I	S	T	E	M	A	D	E	Q
O	T	E	S	N	I	S	O	L	W	X	N	D	J	F
L	E	B	O	Z	K	C	H	N	O	W	T	L	R	R
M	N	E	D	I	V	E	R	S	I	D	A	D	E	U
E	X	N	U	B	W	E	Z	M	U	A	T	Q	R	T
I	A	É	F	I	X	L	L	P	C	H	I	V	J	A
A	M	F	O	L	E	M	A	Z	E	Z	B	D	X	P
U	E	I	O	L	O	A	S	A	T	N	A	L	P	Ó
K	W	C	W	U	V	R	A	R	Ç	C	H	Ç	K	L
F	Ç	O	J	D	F	Ç	S	A	F	F	Ç	J	C	E
Ç	U	W	R	Z	M	N	I	I	U	L	S	D	F	N
R	Y	M	I	D	R	A	J	N	Q	M	O	A	W	Ç
E	I	P	A	C	E	R	A	H	K	I	F	R	Z	G
A	E	W	U	Ç	K	Z	E	A	L	W	J	G	E	C
H	J	H	R	K	A	T	F	S	S	Z	W	F	J	S

ASAS
COLMEIA
BENÉFICO
CERA
DIVERSIDADE
ECOSSISTEMA
FLORES
FLOR
FRUTA
FUMAÇA
JARDIM
HABITAT
INSETO
MEL
PLANTAS
PÓLEN
RAINHA
ENXAME
SOL

55 - Strumenti Musicali

T	G	T	Z	V	O	Q	C	E	Z	V	Z	Ç	S	F
B	R	T	A	M	B	O	R	G	R	I	U	G	A	A
T	A	O	A	B	M	I	R	A	M	O	Ç	O	X	G
R	P	N	M	O	Ã	L	O	I	V	L	G	G	O	O
O	I	K	D	B	E	X	D	T	P	I	B	N	F	T
M	A	I	J	O	O	V	G	A	E	N	A	H	O	E
P	N	W	M	B	L	N	G	T	R	O	N	A	N	G
E	O	Q	X	R	P	I	E	U	C	Z	J	R	E	E
T	O	B	O	É	A	A	M	A	U	H	O	P	W	Q
E	L	Ç	P	P	N	C	P	L	S	Q	I	A	C	P
H	W	D	U	T	D	U	I	F	S	Ç	L	S	S	L
J	O	J	X	Q	E	T	U	Ç	Ã	G	Q	Ç	F	L
Z	Ç	B	Q	M	I	C	Ç	Z	O	Y	D	U	U	I
O	Y	V	Ç	E	R	C	L	A	R	I	N	E	T	E
N	P	Y	W	W	O	L	E	C	N	O	L	O	I	V

GAITA
HARPA
BANJO
VIOLÃO
CLARINETE
FAGOTE
FLAUTA
GONGO
BANDOLIM
MARIMBA
OBOÉ
PERCUSSÃO
PIANO
SAXOFONE
PANDEIRO
TAMBOR
TROMPETE
TROMBONE
VIOLINO
VIOLONCELO

56 - Professioni #2

Q	R	J	O	R	N	A	L	I	S	T	A	I	B	Ç
M	C	P	A	X	Z	P	I	L	O	T	O	N	I	J
R	R	O	T	N	E	V	N	I	M	F	I	V	Ó	U
I	L	U	S	T	R	A	D	O	R	O	R	E	L	E
S	V	E	I	P	A	A	I	A	O	T	Á	S	O	N
E	Y	V	U	H	T	Z	C	O	T	Ó	C	T	G	G
O	Ã	I	G	R	U	R	I	C	Ç	G	E	I	O	E
C	A	T	N	U	A	U	I	E	E	R	T	G	D	N
I	A	E	I	L	N	I	Q	X	P	A	O	A	E	H
D	I	T	L	B	O	H	E	E	I	F	I	D	N	E
É	R	E	U	A	R	E	G	M	N	O	L	O	T	I
M	Z	D	Z	C	T	B	N	Z	T	E	B	R	I	R
P	R	O	F	E	S	S	O	R	O	F	I	M	S	O
W	E	X	X	K	A	B	P	I	R	S	B	Ç	T	H
J	A	R	D	I	N	E	I	R	O	E	V	M	A	W

ASTRONAUTA
BIBLIOTECÁRIO
BIÓLOGO
CIRURGIÃO
DENTISTA
DETETIVE
FOTÓGRAFO
JARDINEIRO
JORNALISTA
ILUSTRADOR
ENGENHEIRO
PROFESSOR
INVENTOR
LINGUISTA
MÉDICO
PILOTO
PINTOR
INVESTIGADOR

57 - Letteratura

B	A	M	E	O	P	A	M	E	T	Á	F	O	R	A
I	Ç	U	O	R	Q	F	N	X	L	J	C	P	A	I
O	Q	T	T	X	H	M	W	Á	U	Y	H	R	N	D
G	S	X	C	O	T	E	M	A	L	J	U	F	E	É
R	E	J	I	O	R	E	N	Ê	G	I	V	Q	D	G
A	C	O	N	C	L	U	S	Ã	O	L	S	U	O	A
F	N	A	F	D	M	E	R	Y	D	T	U	E	T	R
I	A	E	N	H	S	S	W	E	C	Z	S	F	A	T
A	M	I	R	A	O	A	B	Ç	Z	V	B	V	Y	C
N	O	L	O	O	L	I	T	S	E	B	D	P	G	N
T	R	L	F	B	J	O	Ã	Ç	I	R	C	S	E	D
O	P	I	N	I	Ã	O	G	O	L	Á	I	D	U	P
D	U	A	B	J	N	O	C	I	T	É	O	P	R	J
R	I	T	M	O	Ã	Ç	A	R	A	P	M	O	C	I
T	Z	K	H	G	T	G	B	D	B	N	U	M	U	O

ANÁLISE
ANALOGIA
ANEDOTA
AUTOR
BIOGRAFIA
CONCLUSÃO
COMPARAÇÃO
DESCRIÇÃO
DIÁLOGO
GÊNERO
METÁFORA
OPINIÃO
POEMA
POÉTICO
RIMA
RITMO
ROMANCE
ESTILO
TEMA
TRAGÉDIA

58 - Cibo #2

X	O	U	R	T	O	F	P	L	F	K	P	X	I	O
M	A	Ç	Ã	B	A	I	Ã	V	D	R	J	T	L	Ç
H	P	M	N	B	A	P	O	K	N	I	A	K	S	D
N	N	W	U	E	X	N	A	R	R	O	Z	N	T	O
I	A	H	U	R	P	E	A	J	E	R	E	C	G	V
A	I	P	O	I	X	Q	Ç	N	T	V	D	X	H	O
C	U	M	G	N	G	D	T	R	A	E	T	F	R	R
O	V	O	I	G	Q	A	X	G	M	T	F	A	I	O
G	A	N	R	E	I	U	E	Y	O	A	L	B	W	A
U	I	C	T	L	S	I	E	B	T	L	K	F	U	Ç
M	T	F	U	A	H	N	S	I	L	O	C	Ó	R	B
E	P	E	I	X	E	A	H	H	J	C	G	M	Z	S
L	O	V	O	J	K	I	W	I	O	O	F	F	V	X
O	T	N	U	S	E	R	P	T	G	H	Z	B	F	M
I	O	G	U	R	T	E	T	P	X	C	E	N	J	L

BANANA
BRÓCOLIS
CEREJA
CHOCOLATE
QUEIJO
COGUMELO
TRIGO
KIWI
MAÇÃ
BERINGELA

PÃO
PEIXE
FRANGO
TOMATE
PRESUNTO
ARROZ
AIPO
OVO
UVA
IOGURTE

59 - Nutrizione

E	S	A	T	E	I	D	W	T	A	C	V	E	K	Q
A	Ç	E	L	Q	O	W	V	L	M	A	I	S	Z	P
W	X	C	T	U	G	K	W	T	A	L	T	P	W	Q
X	G	A	N	I	X	O	T	Ç	R	O	A	E	L	Z
N	A	L	J	L	T	Y	G	Z	G	R	M	C	C	L
T	L	D	L	I	R	E	L	H	O	I	I	I	M	Í
K	E	E	E	B	I	Y	P	P	Ç	A	N	A	O	Q
B	V	T	M	R	I	F	T	A	T	S	A	R	L	U
V	Í	N	S	A	N	Í	E	T	O	R	P	I	H	I
H	T	E	E	D	A	D	I	L	A	U	Q	A	O	D
T	S	I	M	O	Ã	T	S	E	G	I	D	S	S	O
F	E	R	M	E	N	T	A	Ç	Ã	O	P	N	A	S
S	M	T	X	V	S	A	U	D	Á	V	E	L	Ú	N
R	O	U	P	E	S	O	J	L	I	H	Z	F	D	I
D	C	N	Ç	R	R	K	H	Z	G	E	K	B	E	T

AMARGO
APETITE
EQUILIBRADO
CALORIAS
COMESTÍVEL
DIETA
DIGESTÃO
FERMENTAÇÃO
LÍQUIDOS
NUTRIENTE
PESO
PROTEÍNAS
QUALIDADE
MOLHO
SAÚDE
SAUDÁVEL
ESPECIARIAS
TOXINA
VITAMINA

60 - Matematica

Y	H	E	W	E	C	T	R	I	Â	N	G	U	L	O
R	E	T	Â	N	G	U	L	O	V	W	L	N	Ç	V
R	Z	N	Q	S	I	M	E	T	R	I	A	E	M	G
I	C	E	X	P	O	E	N	T	E	N	M	M	X	C
R	U	R	W	G	V	F	P	J	D	G	I	U	O	K
D	I	V	I	S	Ã	O	R	O	D	M	C	L	I	S
P	A	R	A	L	E	L	O	A	L	I	E	O	A	H
G	E	O	M	E	T	R	I	A	Ç	Í	D	V	R	W
P	E	R	Í	M	E	T	R	O	S	Ã	G	O	M	P
J	Q	U	A	D	R	A	D	O	D	Y	O	O	T	H
S	B	E	Q	U	A	Ç	Ã	O	C	C	W	C	N	E
D	I	Â	M	E	T	R	O	Z	S	F	C	L	Ç	O
M	G	A	N	A	R	I	T	M	É	T	I	C	A	D
P	A	R	A	L	E	L	O	G	R	A	M	O	Q	E
C	R	M	E	O	Â	N	G	U	L	O	S	T	U	Y

ÂNGULOS
ARITMÉTICA
DECIMAL
DIÂMETRO
DIVISÃO
EQUAÇÃO
EXPOENTE
FRAÇÃO
GEOMETRIA
PARALELO
PARALELOGRAMO
PERÍMETRO
POLÍGONO
QUADRADO
RAIO
RETÂNGULO
SIMETRIA
SOMA
TRIÂNGULO
VOLUME

61 - Meditazione

P	N	Q	E	E	O	O	T	F	M	S	G	L	E	M
E	P	A	N	S	D	Z	H	P	P	E	G	I	T	Ú
R	E	Z	T	H	N	K	J	J	A	D	N	V	A	S
S	N	E	C	U	A	B	N	Ç	L	A	S	T	S	I
P	S	R	A	C	R	A	E	W	D	D	J	D	E	C
E	A	A	L	W	I	E	O	Ã	Ç	N	E	T	A	A
C	M	L	M	L	P	E	Z	A	P	O	T	B	R	G
T	E	C	O	A	S	J	M	A	L	B	J	B	U	R
I	N	U	U	T	E	X	J	O	Y	J	I	S	T	A
V	T	Q	P	N	R	G	E	C	Ç	A	W	D	S	T
A	O	T	N	E	M	I	V	O	M	Õ	V	Y	O	I
Z	S	C	O	M	P	A	I	X	Ã	O	E	X	P	D
O	B	S	E	R	V	A	Ç	Ã	O	M	Z	S	L	Ã
R	A	C	E	I	T	A	Ç	Ã	O	V	A	W	V	O
G	S	I	L	Ê	N	C	I	O	I	A	V	L	P	M

ACEITAÇÃO
ATENÇÃO
CALMO
CLAREZA
COMPAIXÃO
EMOÇÕES
BONDADE
GRATIDÃO
MENTAL
MENTE
MOVIMENTO
MÚSICA
NATUREZA
OBSERVAÇÃO
PAZ
PENSAMENTOS
POSTURA
PERSPECTIVA
RESPIRANDO
SILÊNCIO

62 - Antiquariato

I	A	R	U	T	L	U	C	S	E	E	C	N	G	L
N	S	É	C	U	L	O	U	O	Ã	L	I	E	L	B
V	C	D	O	P	A	U	A	Ç	N	E	C	Q	Y	P
E	T	N	A	G	E	L	E	E	V	D	A	R	T	E
S	A	D	A	C	É	D	L	R	A	A	I	R	B	M
T	O	K	D	D	V	T	Z	P	L	D	E	Ç	Z	U
I	T	Z	Z	I	E	E	C	G	O	I	S	G	Ã	M
M	U	U	Ç	S	L	C	L	B	R	L	T	A	J	O
E	M	O	E	D	A	S	O	H	J	A	I	L	I	C
N	E	D	G	Y	B	X	E	R	O	U	L	E	E	N
T	O	C	I	T	N	Ê	T	U	A	Q	O	R	F	I
O	I	R	Á	I	L	I	B	O	M	T	O	I	R	P
R	E	S	T	A	U	R	A	Ç	Ã	O	I	A	V	B
P	E	J	F	T	F	S	Ç	M	I	R	A	V	M	U
P	S	Ç	W	B	F	E	F	S	T	Q	Q	Q	O	L

ARTE
LEILÃO
AUTÊNTICO
CONDIÇÃO
DÉCADAS
DECORATIVO
ELEGANTE
GALERIA
INCOMUM
INVESTIMENTO
MOBILIÁRIO
MOEDAS
PREÇO
QUALIDADE
RESTAURAÇÃO
ESCULTURA
SÉCULO
ESTILO
VALOR
VELHO

63 - Escursionismo

P	K	A	Z	E	R	U	T	A	N	E	P	F	I	T
E	Z	N	I	C	T	O	C	S	A	H	N	E	P	L
S	E	I	S	I	A	H	N	A	T	N	O	M	M	M
A	Q	M	J	O	V	W	H	M	N	G	U	I	A	S
D	K	A	W	M	L	R	J	I	A	S	M	U	P	O
O	Y	I	I	R	O	O	S	L	B	A	A	E	A	T
O	D	S	V	S	V	E	E	C	L	R	X	D	M	Ç
E	K	T	S	O	K	B	Z	G	W	D	T	K	O	W
D	T	M	E	G	A	V	L	E	S	E	M	U	C	F
Y	Z	M	U	I	K	T	B	Z	F	P	R	H	Ç	U
F	Ç	X	Q	R	O	R	I	E	N	T	A	Ç	Ã	O
Z	T	K	R	E	X	Ç	I	F	N	T	C	F	X	L
Á	G	U	A	P	R	E	P	A	R	A	Ç	Ã	O	L
Q	P	Q	P	P	O	B	O	T	A	S	D	R	W	C
A	C	A	M	P	A	M	E	N	T	O	R	K	B	R

ÁGUA
ANIMAIS
ACAMPAMENTO
CLIMA
GUIAS
MAPA
MONTANHA
NATUREZA
ORIENTAÇÃO
PARQUES
PERIGOS
PESADO
PEDRAS
PREPARAÇÃO
PENHASCO
SELVAGEM
SOL
CANSADO
BOTAS
CUME

64 - Professioni #1

F	Y	C	F	P	A	O	D	A	G	O	V	D	A	O
J	A	X	G	Q	V	S	R	O	D	A	Ç	A	C	Q
E	O	R	O	D	A	N	A	C	N	E	P	N	E	D
D	G	A	M	M	W	E	H	W	H	B	S	Ç	N	B
I	O	U	L	A	Ú	A	S	I	T	A	I	A	F	A
T	L	P	P	H	C	S	N	R	P	Q	C	R	E	N
O	Ó	K	C	V	E	Ê	I	E	R	Z	Ó	I	R	Q
R	E	X	Z	T	Q	I	U	C	N	C	L	N	M	U
H	G	J	V	K	D	H	R	T	O	Z	O	O	E	E
A	R	T	I	S	T	A	O	O	I	S	G	Z	I	I
C	A	R	T	Ó	G	R	A	F	O	C	O	P	R	R
P	I	A	N	I	S	T	A	Q	R	V	O	U	A	O
M	U	I	L	E	E	M	B	A	I	X	A	D	O	R
A	S	T	R	Ô	N	O	M	O	S	M	G	G	T	Z
X	K	I	K	F	B	T	R	E	I	N	A	D	O	R

TREINADOR
EMBAIXADOR
ARTISTA
ASTRÔNOMO
ADVOGADO
DANÇARINO
BANQUEIRO
CAÇADOR
CARTÓGRAFO
EDITOR
FARMACÊUTICO
GEÓLOGO
JOALHEIRO
ENCANADOR
ENFERMEIRA
MÚSICO
PIANISTA
PSICÓLOGO

65 - Antartide

T	O	P	O	G	R	A	F	I	A	B	Ç	M	M	R
X	R	O	D	A	G	I	T	S	E	V	N	I	I	O
C	Y	W	A	L	G	S	L	K	T	J	S	G	N	C
V	U	Ç	N	U	B	E	V	I	N	G	H	R	E	H
Á	G	U	A	S	A	H	L	I	E	A	W	A	R	O
E	G	J	Y	N	Í	N	K	O	I	H	V	Ç	A	S
X	E	C	S	Í	A	W	T	C	B	L	T	Ã	I	O
P	L	B	L	N	A	U	D	J	M	H	P	O	S	C
E	E	D	C	E	T	J	D	O	A	V	P	K	B	T
D	I	K	W	P	X	Q	T	B	A	L	E	I	A	S
I	R	C	O	N	S	E	R	V	A	Ç	Ã	O	C	N
Ç	A	W	P	W	C	O	N	T	I	N	E	N	T	E
Ã	S	C	I	E	N	T	Í	F	I	C	O	T	Ç	V
O	G	E	O	G	R	A	F	I	A	P	Z	Z	Z	U
W	I	T	E	M	P	E	R	A	T	U	R	A	N	N

ÁGUA
AMBIENTE
BAÍA
BALEIAS
CONSERVAÇÃO
CONTINENTE
GEOGRAFIA
GELEIRAS
GELO
ILHAS
MIGRAÇÃO
MINERAIS
NUVENS
PENÍNSULA
INVESTIGADOR
ROCHOSO
CIENTÍFICO
EXPEDIÇÃO
TEMPERATURA
TOPOGRAFIA

66 - Libri

L	I	T	E	R	Á	R	I	O	E	Q	L	W	X	Q
H	J	V	C	V	B	Ç	X	O	Ã	Ç	E	L	O	C
U	E	T	N	A	V	E	L	E	R	Ç	I	N	K	S
M	A	K	A	O	E	W	O	T	X	E	T	N	O	C
O	V	N	M	C	J	R	X	H	E	R	O	W	C	S
R	H	E	O	I	X	R	O	É	H	M	R	L	A	T
A	U	M	R	G	J	B	T	D	P	L	Z	I	U	H
D	A	M	P	Á	Y	Q	Q	U	A	I	C	M	T	I
O	K	F	G	R	I	M	G	A	I	R	C	L	O	S
A	V	E	N	T	U	R	A	L	R	P	R	O	R	T
E	S	C	R	I	T	O	H	I	Ó	O	S	A	Q	Ó
P	Á	G	I	N	A	G	E	D	T	E	É	P	N	R
A	I	U	Z	T	K	E	K	A	S	S	R	N	P	I
P	I	I	S	D	V	G	M	D	I	I	I	Z	X	C
K	S	L	Q	H	O	X	V	E	H	A	E	B	W	O

AUTOR
AVENTURA
COLEÇÃO
CONTEXTO
DUALIDADE
ÉPICO
LITERÁRIO
LEITOR
NARRADOR
PÁGINA
POESIA
RELEVANTE
ROMANCE
ESCRITO
SÉRIE
HISTÓRIA
HISTÓRICO
TRÁGICO
HUMORADO

67 - Geografia

R	H	E	M	I	S	F	É	R	I	O	C	T	Z	F
E	D	U	T	I	T	A	L	A	R	W	O	E	Z	P
G	T	T	Y	T	A	V	L	M	L	R	N	R	L	U
I	F	S	A	L	T	A	H	L	I	B	T	R	D	M
Ã	F	Í	E	P	S	S	N	M	D	O	I	I	M	U
O	Ç	A	V	O	O	U	Ç	A	Q	R	N	T	A	N
U	Q	P	V	P	O	H	L	P	C	A	E	Ó	L	D
M	O	N	T	A	N	H	A	A	R	T	N	R	T	O
C	F	W	J	O	A	Y	M	O	I	W	T	I	I	H
P	I	K	K	S	I	A	X	V	O	O	E	O	T	M
S	O	D	B	E	D	U	T	I	G	N	O	L	U	W
J	J	V	A	U	I	U	G	M	D	I	Ç	B	D	I
Y	R	Y	Y	D	R	E	I	Q	J	Ç	T	S	E	K
Q	Z	T	A	W	E	N	O	R	T	E	O	Z	G	C
Q	P	Y	C	M	M	S	X	G	L	C	R	V	L	T

ALTITUDE
ATLAS
CIDADE
CONTINENTE
HEMISFÉRIO
RIO
ILHA
LATITUDE
LONGITUDE
MAPA
MAR
MERIDIANO
MUNDO
MONTANHA
NORTE
OESTE
PAÍS
REGIÃO
SUL
TERRITÓRIO

68 - Cibo #1

M	C	N	E	X	P	W	W	K	R	S	U	T	R	D
A	A	A	B	Y	R	M	S	C	E	N	O	U	R	A
N	N	B	V	Y	O	G	N	A	R	O	M	Y	W	D
J	E	O	A	T	U	M	O	D	L	B	O	L	O	A
E	L	S	U	C	O	X	K	A	R	E	P	H	O	V
R	A	C	Ú	Ç	A	U	Q	L	U	R	V	D	A	E
I	C	E	B	O	L	A	U	A	W	F	E	T	C	C
C	K	Q	Y	Z	M	X	O	S	J	A	T	Q	N	M
Ã	W	S	T	P	E	T	W	P	L	N	L	S	O	B
O	H	Ç	E	T	N	U	R	J	A	I	U	H	M	G
W	E	P	C	A	T	L	P	V	Y	P	M	E	O	Q
C	A	R	N	E	A	E	X	A	R	S	K	Ã	D	T
B	Y	X	J	Z	H	I	O	P	N	E	F	G	O	I
Y	A	A	D	T	H	T	A	N	U	T	A	G	D	S
D	K	Q	Ç	F	I	E	S	N	U	A	K	Z	K	C

ALHO
MANJERICÃO
CANELA
CARNE
CENOURA
CEBOLA
MORANGO
SALADA
LEITE
LIMÃO
MENTA
CEVADA
PERA
NABO
SAL
ESPINAFRE
SUCO
ATUM
BOLO
AÇÚCAR

69 - Etica

A	M	D	O	Q	O	B	B	Q	K	K	L	W	H	P
L	E	I	Z	Q	C	R	O	J	Y	V	J	A	O	A
T	D	G	Y	C	I	S	M	N	H	Ç	E	I	N	C
R	A	N	O	L	T	O	S	G	D	G	D	R	E	I
U	D	I	S	E	Á	Ç	I	Ç	O	A	A	O	S	Ê
Í	I	D	O	V	M	B	M	S	Ã	F	D	D	T	N
S	L	A	T	Á	O	P	I	I	Ç	I	I	E	I	C
M	A	D	I	O	L	V	T	V	A	L	R	B	D	I
O	N	E	E	Z	P	N	O	D	R	O	G	A	A	A
C	O	M	P	A	I	X	Ã	O	E	S	E	S	D	S
Ç	I	H	S	R	D	T	R	M	P	O	T	K	E	N
S	C	R	E	A	L	I	S	M	O	F	N	V	N	V
O	A	R	R	O	J	M	V	U	O	I	I	J	Ç	Q
F	R	V	A	L	O	R	E	S	C	A	C	N	N	V
R	V	B	S	H	U	M	A	N	I	D	A	D	E	U

ALTRUÍSMO
COMPAIXÃO
COOPERAÇÃO
DIGNIDADE
DIPLOMÁTICO
FILOSOFIA
BONDADE
INTEGRIDADE
HONESTIDADE
OTIMISMO
PACIÊNCIA
RAZOÁVEL
RACIONALIDADE
REALISMO
RESPEITOSO
SABEDORIA
HUMANIDADE
VALORES

70 - Aeroplani

L	A	R	U	T	N	E	V	A	P	U	Z	K	Y	A
Q	T	F	G	K	F	Z	O	H	I	E	E	C	P	T
R	E	D	U	T	I	T	L	A	L	R	O	T	O	M
H	R	R	K	K	B	J	W	D	O	A	Ã	G	I	O
C	R	F	F	H	D	M	O	Z	T	G	L	J	N	S
O	I	D	I	R	E	Ç	Ã	O	O	E	A	R	Ê	F
N	S	U	C	J	A	C	R	T	Ç	V	B	R	G	E
S	S	E	X	T	R	I	P	U	L	A	Ç	Ã	O	R
T	A	K	C	É	U	P	K	V	P	N	H	U	R	A
R	G	D	I	L	T	P	Ç	W	V	A	B	C	D	Y
U	E	Q	I	M	L	J	R	A	Y	H	F	Ç	I	I
Ç	M	B	O	C	A	Y	W	L	G	F	Y	B	H	H
Ã	H	L	P	A	S	S	A	G	E	I	R	O	Y	R
O	E	W	O	T	S	E	H	I	S	T	Ó	R	I	A
G	E	F	Y	R	D	E	D	G	O	W	N	M	N	X

ALTURA
ALTITUDE
AR
ATMOSFERA
ATERRISSAGEM
AVENTURA
CÉU
CONSTRUÇÃO
DIREÇÃO
DESCIDA
TRIPULAÇÃO
HIDROGÊNIO
MOTOR
NAVEGAR
BALÃO
PASSAGEIRO
PILOTO
HISTÓRIA

71 - Governo

Z	Ç	W	N	Z	J	H	J	S	J	O	L	O	P	Q
N	Y	J	G	Q	K	T	L	Y	U	Ã	I	K	O	V
I	G	U	A	L	D	A	D	E	D	Ç	B	J	L	Y
F	D	O	L	O	B	M	Í	S	I	I	E	S	Í	D
I	Ç	Ã	I	Ã	T	G	M	U	C	U	R	H	T	E
D	D	S	V	Ç	L	N	E	M	I	T	D	T	I	M
K	W	S	I	A	C	Í	E	E	A	I	A	L	C	O
Z	B	U	C	N	P	D	D	M	L	T	D	U	A	C
N	A	C	I	O	N	A	L	E	U	S	E	Y	Ç	R
Z	O	S	V	D	E	L	E	I	R	N	O	J	I	A
K	A	I	N	A	D	A	D	I	C	O	O	W	T	C
J	S	D	E	S	T	A	D	O	A	C	J	M	S	I
I	K	V	D	U	B	O	O	G	W	V	S	F	U	A
I	N	D	E	P	E	N	D	Ê	N	C	I	A	J	F
D	I	S	C	U	R	S	O	T	I	R	T	S	I	D

LÍDER
CIDADANIA
CIVIL
CONSTITUIÇÃO
DEMOCRACIA
DISCURSO
DISCUSSÃO
JUDICIAL
JUSTIÇA
INDEPENDÊNCIA
LEI
LIBERDADE
MONUMENTO
NACIONAL
NAÇÃO
POLÍTICA
DISTRITO
SÍMBOLO
ESTADO
IGUALDADE

72 - Bellezza

F	R	A	G	R	Â	N	C	I	A	N	T	G	E	C
W	X	Q	B	O	C	R	J	J	Q	I	U	R	L	O
N	E	W	I	C	U	P	J	N	L	D	V	A	E	S
P	M	W	J	A	V	V	X	P	E	L	E	Ç	G	M
T	R	E	S	P	E	L	H	O	N	Q	W	A	Â	É
E	A	O	F	O	T	O	G	Ê	N	I	C	O	N	T
S	H	R	D	K	S	B	V	K	D	A	V	Q	C	I
O	C	S	L	U	E	E	A	R	N	P	Z	X	I	C
U	M	Y	O	H	T	F	R	T	U	U	F	Ó	A	O
R	D	W	A	C	N	O	B	V	O	Z	I	L	G	S
A	E	U	E	V	A	U	S	X	I	M	K	E	H	O
R	Í	M	E	L	G	F	C	A	Y	Ç	K	O	Z	H
E	Z	B	Y	F	E	X	J	M	W	E	O	S	B	C
D	R	U	I	D	L	U	E	P	Y	T	D	S	F	A
M	D	L	B	C	E	H	O	U	A	T	T	A	L	C

COR
COSMÉTICOS
ELEGANTE
ELEGÂNCIA
CHARME
TESOURA
FOTOGÊNICO
FRAGRÂNCIA
GRAÇA
SUAVE

RÍMEL
ÓLEOS
PELE
PRODUTOS
CACHOS
BATOM
SERVIÇOS
XAMPU
ESPELHO

73 - Avventura

V	I	D	I	F	I	C	U	L	D	A	D	E	N	D
P	N	T	I	N	C	O	M	U	M	V	Ç	W	A	E
R	O	B	I	E	X	C	U	R	S	Ã	O	X	T	S
E	V	V	D	N	B	R	A	V	U	R	A	D	U	T
P	O	M	K	Z	E	K	U	L	Y	A	A	E	R	I
A	P	U	J	G	O	R	Y	Y	C	S	Ç	S	E	N
R	S	O	G	I	M	A	Á	B	L	Z	K	A	Z	O
A	B	B	L	N	S	T	M	R	A	I	V	F	A	U
Ç	A	R	E	D	A	D	I	V	I	T	A	I	O	S
Ã	E	D	A	D	I	N	U	T	R	O	P	O	H	U
O	Y	K	Z	W	S	W	B	K	G	R	B	S	S	I
V	V	M	E	O	U	N	Y	H	E	L	N	I	B	L
N	R	Z	L	K	T	W	J	U	L	V	E	L	N	S
S	S	W	E	J	N	A	Ç	N	A	R	U	G	E	S
Q	Y	R	B	Y	E	P	E	R	I	G	O	S	O	W

AMIGOS
ATIVIDADE
BELEZA
BRAVURA
DESTINO
DIFICULDADE
ENTUSIASMO
EXCURSÃO
ALEGRIA
INCOMUM
ITINERÁRIO
NATUREZA
NOVO
OPORTUNIDADE
PERIGOSO
PREPARAÇÃO
DESAFIOS
SEGURANÇA

74 - Oceano

T	J	S	K	N	Z	N	R	O	Q	S	K	T	U	M
A	E	A	F	Ç	F	W	B	H	K	U	D	U	E	E
I	S	M	U	T	A	E	D	N	I	D	R	B	N	D
E	U	D	P	R	N	Ç	Z	I	B	R	L	A	S	U
L	S	U	V	E	R	Q	E	F	I	C	E	R	T	S
A	Y	P	U	P	S	P	O	L	V	O	Ç	Ã	A	A
B	U	J	O	H	P	T	U	O	F	V	A	O	R	R
N	Y	U	A	N	N	F	A	G	C	S	W	Ã	T	T
I	D	N	Ç	O	J	O	S	D	I	H	N	R	A	S
E	N	G	U	I	A	A	N	E	E	Z	B	A	R	O
Ç	B	D	L	C	Z	R	S	D	L	Ç	A	M	U	I
G	O	J	E	U	G	N	A	R	A	C	R	A	G	Y
A	R	A	Ç	K	X	T	Y	W	R	S	C	C	A	Q
M	A	R	É	S	Y	W	J	K	O	Y	O	N	A	J
P	E	I	X	E	H	O	S	L	C	S	Ç	X	M	X

ENGUIA
BALEIA
BARCO
CORAL
GOLFINHO
CAMARÃO
CARANGUEJO
MARÉS
MEDUSA
ONDAS
OSTRA
PEIXE
POLVO
SAL
RECIFE
ESPONJA
TUBARÃO
TARTARUGA
TEMPESTADE
ATUM

75 - Famiglia

C	R	I	A	N	Ç	A	S	Q	I	H	G	T	C	A
I	V	U	K	K	P	A	B	O	U	R	M	B	N	N
I	W	C	R	I	A	N	Ç	A	L	Ç	M	G	O	T
Q	W	B	P	E	I	X	D	I	W	O	K	Ã	L	E
T	I	O	S	S	C	P	T	T	M	N	R	Ç	O	P
Ç	F	P	X	P	N	Y	I	H	P	R	F	B	M	A
O	X	L	J	O	Â	O	Y	N	T	E	C	E	I	S
N	E	T	O	S	F	P	M	B	K	T	A	Ô	R	S
X	Ã	T	O	A	N	F	I	L	H	A	S	V	P	A
P	M	I	Z	A	I	O	B	J	D	P	D	A	Ó	D
U	S	O	B	R	I	N	H	O	G	P	A	C	G	O
M	A	T	E	R	N	O	D	I	R	A	M	I	I	L
O	N	I	R	M	Ã	R	O	I	J	K	Y	T	C	D
C	W	N	Y	K	U	V	Y	Z	D	O	O	G	Y	E
X	H	L	W	Y	U	D	O	S	R	G	A	R	F	D

ANTEPASSADO
CRIANÇAS
CRIANÇA
PRIMO
FILHA
IRMÃO
INFÂNCIA
MÃE
MARIDO
MATERNO
ESPOSA
SOBRINHO
NETO
AVÓ
AVÔ
PAI
PATERNO
IRMÃ
TIA
TIO

76 - Creatività

O	L	O	E	D	A	D	I	L	I	B	A	H	F	N
R	M	A	B	S	F	R	O	K	S	C	J	Y	L	L
R	A	O	D	O	X	A	Z	E	R	A	L	C	U	D
I	E	V	J	T	Z	M	E	G	A	M	I	C	I	X
A	N	I	M	N	K	Á	E	E	O	E	U	Ç	D	E
R	Â	T	A	E	M	T	W	F	Ã	T	M	S	E	D
T	T	N	U	M	J	I	L	U	Ç	O	U	Q	Z	A
Í	N	E	W	I	O	C	J	C	A	H	O	L	N	D
S	O	V	J	T	Ç	O	Ã	S	S	E	R	P	M	I
T	P	N	B	N	J	Ã	U	E	N	E	G	T	Ç	S
I	S	I	T	E	B	G	O	Õ	E	A	Q	W	C	N
C	E	P	B	S	W	O	Ã	S	S	E	R	P	X	E
O	D	Q	O	Ã	Ç	A	N	I	G	A	M	I	J	T
E	M	O	Ç	Õ	E	S	P	V	L	D	Y	O	W	N
I	N	S	P	I	R	A	Ç	Ã	O	W	N	Y	S	I

HABILIDADE
ARTÍSTICO
CLAREZA
DRAMÁTICO
EMOÇÕES
EXPRESSÃO
FLUIDEZ
IMAGINAÇÃO
IMAGEM
IMPRESSÃO
INTENSIDADE
INTUIÇÃO
INVENTIVO
INSPIRAÇÃO
SENSAÇÃO
SENTIMENTOS
ESPONTÂNEA
VISÕES

77 - Veicoli

O	U	E	K	R	P	X	H	Q	K	B	J	F	E	L
B	R	T	E	M	R	A	N	A	V	A	R	A	C	G
V	I	J	A	N	G	A	D	A	A	R	S	F	H	E
U	X	C	F	V	S	R	H	P	O	C	O	L	U	S
A	Á	G	I	M	O	T	O	R	K	O	R	R	A	C
V	T	K	K	C	W	J	K	B	Q	Ã	E	L	I	B
I	I	Z	C	S	L	E	W	B	M	H	T	D	C	L
Ã	L	Z	N	Y	S	E	S	U	E	N	P	F	N	A
O	U	S	Z	V	R	M	T	C	T	I	Ó	O	Â	M
L	K	X	V	M	P	Ç	A	A	R	M	C	Ô	L	B
S	U	B	M	A	R	I	N	O	Ô	A	I	N	U	R
T	R	A	N	S	P	O	R	T	E	C	L	I	B	E
T	R	A	T	O	R	D	D	Q	D	I	E	B	M	T
F	O	G	U	E	T	E	A	Ç	J	P	H	U	A	A
S	X	V	W	T	D	H	O	E	E	O	W	S	B	R

AVIÃO
AMBULÂNCIA
CARRO
ÔNIBUS
BARCO
BICICLETA
CAMINHÃO
CARAVANA
HELICÓPTERO
METRÔ
MOTOR
TRANSPORTE
PNEUS
FOGUETE
LAMBRETA
SUBMARINO
TÁXI
BALSA
TRATOR
JANGADA

78 - Natura

N	Q	B	F	Q	D	G	E	L	E	I	R	A	S	S
E	E	Q	A	M	E	G	A	H	L	O	F	P	B	E
B	E	Y	U	Z	S	T	R	O	P	I	C	A	L	R
H	E	C	T	B	E	N	G	J	R	R	O	G	Y	E
P	N	L	V	P	R	T	E	E	R	O	S	Ã	O	N
I	D	R	E	F	T	M	M	V	Ç	F	I	R	G	O
N	S	K	V	Z	O	J	O	Ç	U	V	J	G	I	C
S	I	M	Q	K	A	O	C	N	Y	N	W	A	R	I
S	A	N	T	U	Á	R	I	O	T	F	L	R	B	M
D	M	W	L	C	B	I	T	I	J	A	K	E	A	Â
H	I	F	A	T	S	E	R	O	L	F	N	C	R	N
D	N	W	T	V	H	O	Á	Ç	Z	R	Q	H	W	I
Ç	A	O	I	Z	B	V	B	L	V	I	M	R	A	D
S	E	L	V	A	G	E	M	Y	B	T	J	E	D	S
Ç	B	J	G	M	L	N	A	B	E	L	H	A	S	X

ANIMAIS
ABELHAS
ÁRTICO
BELEZA
DESERTO
DINÂMICO
EROSÃO
RIO
FOLHAGEM
FLORESTA
GELEIRA
MONTANHAS
NEVOEIRO
NUVENS
ABRIGO
SANTUÁRIO
SELVAGEM
SERENO
TROPICAL
VITAL

79 - Balletto

C	D	R	S	H	T	É	C	N	I	C	A	E	P	M
O	A	K	B	K	A	V	Y	X	Z	I	P	V	R	Ú
R	N	D	A	A	P	B	R	I	T	M	O	F	Á	S
E	Ç	A	I	Y	P	Z	I	R	A	M	O	E	T	C
O	A	R	L	G	X	L	O	L	I	T	S	E	I	U
G	R	T	A	W	E	O	A	C	I	S	Ú	M	C	L
R	I	Í	R	A	U	S	R	U	F	D	W	K	A	O
A	N	S	I	R	S	O	T	A	S	C	A	O	V	S
F	O	T	N	T	P	I	M	O	F	O	Z	D	K	A
I	S	I	A	S	P	C	B	C	E	G	W	H	E	C
A	A	C	H	E	D	A	D	I	S	N	E	T	N	I
I	Y	O	N	U	N	R	E	L	G	E	U	P	E	S
O	I	Q	D	Q	T	G	T	B	F	T	A	L	C	Y
L	A	K	S	R	A	E	Y	Ú	I	E	F	M	B	J
Z	W	D	Ç	O	V	J	L	P	E	N	S	A	I	O

HABILIDADE
APLAUSO
ARTÍSTICO
BAILARINA
DANÇARINOS
COREOGRAFIA
GESTO
GRACIOSO
INTENSIDADE
MÚSCULOS
MÚSICA
ORQUESTRA
PRÁTICA
ENSAIO
PÚBLICO
RITMO
ESTILO
TÉCNICA

80 - Paesi #1

A	L	E	U	Z	E	N	E	V	Z	F	K	Y	R	I
I	I	Ç	Z	J	U	R	N	U	J	F	A	F	O	L
D	R	P	A	I	M	T	I	C	H	N	B	R	M	S
N	T	A	H	N	A	M	E	L	A	Z	Z	L	Ê	R
Â	I	I	Q	I	G	H	Q	C	D	L	A	E	N	Y
L	U	N	O	U	A	N	O	R	U	E	G	A	I	Z
N	W	Ô	Y	Z	E	X	C	V	Q	H	F	R	A	L
I	R	L	I	S	A	R	B	A	I	U	Q	S	U	Í
F	S	O	C	O	R	R	A	M	N	E	L	I	U	B
Z	C	P	A	P	A	N	A	M	Á	A	T	Z	U	I
Í	N	D	I	A	H	N	A	P	S	E	D	N	H	A
P	L	Z	L	A	G	E	N	E	S	R	I	Á	Ã	G
I	B	H	A	E	G	I	T	O	C	T	N	B	G	Z
W	L	Q	M	C	A	M	B	O	J	A	C	X	A	Z
Z	N	F	W	O	S	Ç	E	A	P	Y	U	U	E	C

BRASIL
CAMBOJA
CANADÁ
EGITO
FINLÂNDIA
ALEMANHA
ÍNDIA
IRAQUE
ISRAEL
LÍBIA
MALI
MARROCOS
NORUEGA
PANAMÁ
POLÔNIA
ROMÊNIA
SENEGAL
ESPANHA
VENEZUELA
VIETNÃ

81 - Geometria

B	O	V	X	Q	R	M	E	D	I	A	N	A	T	P
R	W	O	T	N	E	M	G	E	S	R	Y	Z	P	C
A	R	L	E	P	D	N	O	L	U	G	N	Â	U	B
T	S	U	O	L	A	D	Ã	M	T	Ç	C	I	B	M
R	U	C	R	A	S	R	Ç	V	P	E	P	L	J	M
I	P	R	I	T	W	Y	A	I	R	T	E	M	I	S
Â	E	Í	A	N	Z	M	U	L	C	L	X	Z	N	P
N	R	C	C	O	P	L	Q	G	E	Q	A	W	Ç	R
G	F	A	I	Z	W	A	E	O	I	L	N	Z	C	O
U	Í	L	G	I	I	C	I	R	M	G	O	P	U	P
L	C	T	Ó	R	D	I	M	E	N	S	Ã	O	R	O
O	I	U	L	O	R	T	E	M	Â	I	D	C	V	R
A	E	R	Q	H	F	R	V	Ú	F	N	Q	H	A	Ç
U	Ç	A	D	Z	R	E	G	N	Z	Ç	N	V	K	Ã
Ç	K	M	G	G	O	V	C	Á	L	C	U	L	O	O

ALTURA
ÂNGULO
CÁLCULO
CÍRCULO
CURVA
DIÂMETRO
DIMENSÃO
EQUAÇÃO
LÓGICA
MEDIANA
NÚMERO
HORIZONTAL
PARALELO
PROPORÇÃO
SEGMENTO
SIMETRIA
SUPERFÍCIE
TEORIA
TRIÂNGULO
VERTICAL

82 - Foresta Pluviale

R	E	S	P	E	I	T	O	N	J	D	R	C	S	P
I	S	O	R	E	F	Í	M	A	M	I	E	O	O	R
X	E	S	N	E	V	U	N	T	P	V	S	M	B	E
H	I	O	G	S	U	M	W	U	Á	E	T	U	R	S
I	C	I	X	H	Q	T	H	R	S	R	A	N	E	E
I	É	L	Z	W	Q	A	B	E	S	S	U	I	V	R
Y	P	A	M	I	L	C	N	Z	A	I	R	D	I	V
O	S	V	V	D	N	L	R	A	R	D	A	A	V	A
I	E	A	V	L	T	R	T	N	O	A	Ç	D	Ê	Ç
G	N	B	D	F	E	Q	D	E	S	D	Ã	E	N	Ã
Ú	R	S	O	D	E	S	B	G	W	E	O	B	C	O
F	D	I	E	P	U	D	S	Í	R	Y	S	S	I	N
E	G	U	O	T	S	V	H	D	F	S	Q	Z	A	U
R	B	U	M	F	O	C	I	N	Â	T	O	B	K	C
S	Z	B	A	T	S	S	O	I	B	Í	F	N	A	A

ANFÍBIOS
BOTÂNICO
CLIMA
COMUNIDADE
DIVERSIDADE
SELVA
INDÍGENA
INSETOS
MAMÍFEROS
MUSGO
NATUREZA
NUVENS
PRESERVAÇÃO
VALIOSO
RESTAURAÇÃO
REFÚGIO
RESPEITO
SOBREVIVÊNCIA
ESPÉCIES
PÁSSAROS

83 - Edifici

T	F	Á	B	R	I	C	A	E	M	U	S	E	U	S
P	E	U	G	R	E	B	L	A	S	H	K	J	B	U
N	X	N	Z	E	R	R	O	T	P	C	Z	P	R	P
U	T	R	D	P	M	Q	R	A	C	A	O	Y	L	E
P	J	T	M	A	F	B	T	K	M	D	U	L	F	R
C	I	N	E	M	A	E	A	K	Z	Q	F	J	A	M
C	R	N	X	N	I	S	E	I	E	K	L	I	C	E
E	F	J	Ç	D	N	T	T	M	X	D	B	Z	A	R
L	B	P	O	Ç	J	Á	G	B	R	A	V	K	B	C
E	J	Ç	T	D	Z	D	U	L	H	R	D	H	I	A
I	Q	C	N	V	Y	I	S	E	L	I	B	A	N	D
R	L	J	I	Y	T	O	L	E	T	S	A	C	E	O
O	L	A	B	O	R	A	T	Ó	R	I	O	R	E	K
H	O	T	E	L	A	T	I	P	S	O	H	X	E	S
O	B	S	E	R	V	A	T	Ó	R	I	O	Z	I	Y

EMBAIXADA
CABINE
CASTELO
CINEMA
FÁBRICA
CELEIRO
HOTEL
LABORATÓRIO
MUSEU
HOSPITAL
OBSERVATÓRIO
ALBERGUE
ESCOLA
ESTÁDIO
SUPERMERCADO
TEATRO
TENDA
TORRE

84 - Malattia

I	B	C	F	J	J	S	A	I	G	R	E	L	A	I
Ç	N	A	O	K	K	L	G	U	L	C	D	Q	A	M
H	J	F	C	R	Ç	S	U	K	O	R	Ú	O	B	U
J	G	C	L	T	A	K	D	Z	M	Ô	A	I	D	N
S	E	O	Y	A	E	Ç	O	G	B	N	S	R	O	I
G	N	R	A	P	M	R	Ã	A	A	I	E	Ó	M	D
M	É	P	F	F	B	A	I	O	R	C	S	T	I	A
F	T	O	B	T	I	D	Ç	A	Q	A	Í	A	N	D
R	I	L	O	E	D	V	H	Ã	N	N	N	R	A	E
A	C	E	R	U	A	D	L	N	O	O	D	I	L	H
C	O	S	O	I	G	A	T	N	O	C	R	P	C	L
O	P	U	L	M	O	N	A	R	D	Y	O	S	E	S
N	E	U	R	O	P	A	T	I	A	F	M	E	C	S
M	Z	E	U	O	I	R	Á	T	I	D	E	R	E	H
T	E	R	A	P	I	A	Q	T	J	Ç	N	Z	L	D

AGUDO
ABDOMINAL
ALERGIAS
BACTERIANO
CONTAGIOSO
CORPO
CRÔNICA
CORAÇÃO
FRACO
HEREDITÁRIO
GENÉTICO
IMUNIDADE
INFLAMAÇÃO
LOMBAR
NEUROPATIA
PULMONAR
RESPIRATÓRIO
SAÚDE
SÍNDROME
TERAPIA

85 - Paesi #2

D	F	L	A	I	C	É	R	G	I	Y	Ç	J	P	N
I	M	A	I	R	Í	S	R	J	J	H	R	D	A	I
N	U	P	S	B	V	T	M	P	I	H	D	L	Q	G
A	K	E	É	O	É	J	A	M	A	I	C	A	U	É
M	Z	N	N	D	M	R	Y	S	W	P	K	V	I	R
A	C	E	O	S	C	S	I	O	M	D	C	P	S	I
R	I	A	D	N	A	G	U	A	N	É	N	P	T	A
C	Q	A	N	W	U	V	B	L	O	E	X	C	Ã	V
A	O	U	I	R	Ú	S	S	I	A	P	X	I	O	U
A	L	B	Â	N	I	A	D	N	A	L	R	I	C	P
N	M	M	S	C	Â	H	S	D	Y	D	Q	Ç	I	O
T	F	J	X	V	H	R	E	T	I	Ó	P	I	A	Ã
Ç	F	R	V	D	S	V	C	H	A	I	T	I	Z	P
S	U	D	Ã	O	Y	B	L	U	C	L	X	Q	W	A
A	X	B	I	H	N	F	F	Y	K	Q	I	E	O	J

ALBÂNIA
DINAMARCA
ETIÓPIA
JAMAICA
JAPÃO
GRÉCIA
HAITI
INDONÉSIA
IRLANDA
LAOS
LIBÉRIA
MÉXICO
NEPAL
NIGÉRIA
PAQUISTÃO
RÚSSIA
SÍRIA
SUDÃO
UCRÂNIA
UGANDA

86 - Tipi di Capelli

T	R	A	N	Ç	A	S	G	B	E	V	A	U	S	E
Q	B	H	S	A	V	D	Q	R	G	K	L	A	E	N
N	D	H	H	R	P	O	Z	M	O	B	H	D	C	C
X	N	D	D	F	G	H	Z	F	X	S	X	U	O	A
O	R	I	O	L	U	S	Y	Q	E	E	S	X	T	R
T	R	A	N	Ç	A	D	O	G	N	O	L	O	E	A
R	B	Q	J	G	T	L	T	U	C	C	H	D	R	C
U	X	S	O	H	C	A	C	S	T	N	D	A	P	O
C	L	F	A	C	A	R	E	C	A	A	C	L	Z	L
Y	M	Y	T	U	C	I	N	Z	A	R	O	U	I	A
A	F	A	A	M	D	X	M	S	N	B	L	D	W	D
K	I	W	R	P	Ç	Á	L	I	A	B	O	N	P	O
E	N	U	P	R	I	U	V	U	Q	R	R	O	T	K
C	O	F	S	M	O	F	P	E	W	E	I	I	X	J
I	P	T	U	S	V	M	B	W	L	V	N	L	A	N

PRATA
SECO
BRANCO
LOIRO
CURTO
CARECA
COLORI
CINZA
TRANÇADO
LONGO
MARROM
SUAVE
PRETO
ONDULADO
ENCARACOLADO
CACHOS
SAUDÁVEL
FINO
GROSSO
TRANÇAS

87 - Vestiti

Z	G	T	B	Y	N	C	Z	V	W	S	Ç	E	L	C
P	Y	C	N	J	C	U	A	P	E	N	O	I	E	A
A	I	S	R	E	T	É	U	S	K	S	E	R	N	M
I	G	K	Y	G	S	P	O	I	A	H	T	J	Ç	I
Y	Z	L	Y	X	U	A	T	Y	D	C	X	I	O	S
S	A	I	A	C	T	H	N	K	O	M	O	C	D	A
R	I	K	S	B	C	C	I	D	M	A	O	D	Z	O
A	V	E	N	T	A	L	C	S	Á	Ç	W	F	W	P
L	S	J	A	P	S	A	V	U	L	L	J	Ç	J	U
O	A	C	E	P	U	H	N	W	F	N	I	J	H	L
C	P	I	J	C	L	B	Ç	A	K	E	A	A	Z	S
I	A	U	G	Z	B	J	A	Q	U	E	T	A	S	E
Ç	T	W	L	D	J	E	Q	D	Z	E	F	L	Z	I
K	O	C	A	L	Ç	A	M	A	J	I	P	J	F	R
A	T	W	L	U	I	R	U	A	Q	B	U	J	G	A

VESTIDO
PULSEIRA
BLUSA
CAMISA
CHAPÉU
CASACO
CINTO
COLAR
JAQUETA
SAIA
AVENTAL
LUVAS
JEANS
SUÉTER
MODA
CALÇA
PIJAMA
SANDÁLIAS
SAPATO
LENÇO

88 - Attività e Tempo Libero

A	P	A	C	A	M	P	A	M	E	N	T	O	Z	A
P	Q	I	Ç	C	I	V	N	A	T	A	Ç	Ã	O	R
B	C	A	N	J	B	E	I	S	E	B	O	L	H	T
O	K	W	S	T	A	O	J	J	W	D	Q	B	L	E
O	P	J	S	T	U	R	E	G	B	E	W	U	U	G
A	I	B	E	E	O	R	D	S	E	F	L	O	G	F
Ç	Q	C	O	T	Q	A	A	I	T	I	R	R	R	F
E	Z	A	S	E	V	P	V	T	N	D	M	M	E	U
Y	P	M	E	U	Y	E	W	Ç	A	A	E	Y	M	T
T	I	I	I	Q	R	Z	P	W	X	T	G	L	S	E
N	E	N	B	S	N	F	R	N	A	Ê	A	E	Y	B
A	L	H	B	A	C	S	E	P	L	N	I	X	M	O
J	R	A	O	B	G	F	R	D	E	I	V	O	T	L
J	G	D	H	S	B	X	Q	W	R	S	R	B	N	Q
Y	Q	A	V	O	L	E	I	B	O	L	P	F	P	X

ARTE
BEISEBOL
BASQUETE
BOXE
FUTEBOL
ACAMPAMENTO
CAMINHADA
JARDINAGEM
GOLFE
HOBBIES
MERGULHO
NATAÇÃO
VOLEIBOL
PESCA
PINTURA
RELAXANTE
SURFE
TÊNIS
VIAGEM

89 - Arte

C	P	E	X	O	T	I	E	J	U	S	F	U	E	B
O	I	S	N	D	R	A	T	A	R	T	E	R	O	O
M	N	C	C	A	O	I	V	T	A	R	M	J	X	M
P	T	U	R	R	M	E	G	S	I	M	P	L	E	S
O	U	L	I	I	U	S	V	I	W	K	Z	A	L	I
S	R	T	A	P	H	W	Í	A	N	S	O	O	P	L
I	A	U	R	S	B	R	A	M	O	A	G	S	M	A
Ç	S	R	Ç	N	L	N	Q	H	B	R	L	S	O	E
Ã	I	A	C	I	M	Â	R	E	C	O	R	E	C	R
O	Z	O	S	F	V	C	T	U	D	Z	L	P	E	R
Ç	S	Z	H	R	I	Z	I	K	X	I	T	O	K	U
P	O	E	S	I	A	G	P	Z	X	E	Q	H	Z	S
V	F	B	L	F	R	S	U	O	J	Z	K	X	C	V
C	S	Q	O	Ã	S	S	E	R	P	X	E	K	B	T
H	O	N	E	S	T	O	Z	L	A	U	S	I	V	X

CERÂMICA
COMPLEXO
COMPOSIÇÃO
CRIAR
PINTURAS
EXPRESSÃO
FIGURA
INSPIRADO
HONESTO
ORIGINAL
PESSOAL
POESIA
RETRATAR
ESCULTURA
SIMPLES
SÍMBOLO
SUJEITO
SURREALISMO
HUMOR
VISUAL

90 - Meteo

R	W	G	V	V	V	A	O	L	U	A	T	K	K	F
E	T	Ç	R	L	P	G	T	D	D	R	R	N	T	L
D	K	E	M	E	V	U	N	A	S	C	O	J	B	Y
A	C	E	S	U	L	S	E	D	C	O	V	I	J	M
T	L	O	L	N	R	Â	V	V	M	Í	Ã	Ç	Ç	Ç
S	R	C	L	I	M	A	M	V	X	R	O	R	B	P
E	F	O	R	A	L	O	P	P	V	I	X	U	Y	K
P	U	L	P	S	E	C	O	C	A	S	Y	O	V	J
M	R	E	T	I	S	E	L	Y	É	G	R	F	Ç	K
E	A	G	O	R	C	W	D	B	C	U	O	U	B	W
T	C	K	R	B	D	A	R	E	F	S	O	M	T	A
O	Ã	Ç	N	O	M	L	L	U	Ç	O	F	O	D	R
R	O	N	A	T	E	M	P	E	R	A	T	U	R	A
S	V	H	D	P	I	C	Q	X	C	H	P	T	U	A
E	W	M	O	R	I	E	O	V	E	N	Y	T	R	Y

ARCO-ÍRIS
SECO
ATMOSFERA
BRISA
CÉU
CLIMA
RELÂMPAGO
GELO
MONÇÃO
NEVOEIRO
NUVEM
POLAR
SECA
TEMPERATURA
TEMPESTADE
TORNADO
TROPICAL
TROVÃO
FURACÃO
VENTO

91 - Corpo Umano

C	C	C	V	K	Ç	N	M	Ç	D	O	Ç	Ç	R	C
Y	É	Z	P	W	W	K	K	B	U	F	P	F	R	S
C	A	R	I	Q	S	O	D	E	D	N	T	D	W	A
R	N	B	E	I	U	R	T	S	A	N	G	U	E	R
P	U	J	W	B	Z	B	P	E	S	C	O	Ç	O	P
O	L	H	O	D	R	M	Ã	O	X	I	E	U	Q	E
C	A	B	E	Ç	A	O	G	A	M	Ô	T	S	E	R
T	O	R	N	O	Z	E	L	O	J	D	C	P	M	N
O	Ç	O	G	F	K	I	U	Ã	C	O	D	A	P	A
P	E	L	E	G	K	I	R	Ç	D	B	E	H	F	C
C	O	T	O	V	E	L	O	A	P	Ç	J	L	V	O
Q	V	Z	P	A	A	Q	G	R	N	S	B	E	H	B
W	G	C	I	Z	H	S	O	O	T	S	O	R	Z	O
R	I	B	J	F	X	N	H	C	O	I	W	O	B	Z
Z	E	O	M	X	T	J	U	T	I	Z	P	O	A	U

BOCA
TORNOZELO
CÉREBRO
PESCOÇO
CORAÇÃO
DEDO
ROSTO
PERNA
JOELHO
COTOVELO
MÃO
QUEIXO
NARIZ
OLHO
ORELHA
PELE
SANGUE
OMBRO
ESTÔMAGO
CABEÇA

92 - Mammiferi

T	U	Z	D	H	W	O	R	U	O	T	V	R	G	G
U	P	S	B	L	G	I	V	S	Ã	Q	E	C	O	A
G	O	L	F	I	N	H	O	E	C	O	A	A	R	T
H	B	G	Z	E	B	R	A	U	L	E	D	V	I	O
W	O	R	I	B	E	H	I	P	I	H	O	A	L	S
J	L	K	U	R	U	G	N	A	C	R	A	L	A	V
X	W	I	W	D	A	R	Ç	N	T	W	Ç	O	A	R
R	F	D	F	Ç	S	F	T	T	U	H	Q	L	Ç	C
J	G	P	B	E	U	J	A	C	O	I	O	T	E	O
L	E	Ã	O	A	O	P	X	E	L	K	E	C	C	E
B	Q	U	C	S	L	S	N	E	E	H	J	K	F	L
I	R	R	A	O	N	E	T	N	A	F	E	L	E	H
I	I	S	C	P	M	E	I	L	Z	B	W	T	B	O
D	W	O	A	A	G	V	G	A	J	Z	X	M	P	B
E	Q	I	M	R	S	C	M	W	A	N	R	H	D	T

BALEIA
CÃO
CANGURU
CAVALO
VEADO
COELHO
COIOTE
GOLFINHO
ELEFANTE
GATO
GIRAFA
GORILA
LEÃO
LOBO
URSO
OVELHA
MACACO
TOURO
RAPOSA
ZEBRA

93 - Cucina

C	G	U	A	R	D	A	N	A	P	O	X	S	Ç	G
O	V	A	H	L	E	R	G	D	B	L	W	U	D	E
M	T	X	C	S	O	H	N	I	Z	U	A	P	E	L
E	E	M	N	C	N	T	I	G	E	L	A	A	Q	A
R	S	D	O	V	R	F	R	E	E	Z	E	R	I	D
Q	P	Z	C	F	O	R	R	A	J	K	D	I	W	E
Z	E	M	E	R	F	O	Z	J	A	R	O	E	R	I
G	C	C	G	N	L	A	T	N	E	V	A	L	C	R
A	I	Ç	Ç	X	V	J	C	G	Y	I	L	A	A	A
R	A	H	O	B	E	N	M	A	J	L	L	H	T	R
F	R	U	T	J	N	O	E	Ç	S	P	U	C	I	S
O	I	C	Ç	P	L	P	C	O	L	H	E	R	E	S
S	A	Z	N	K	H	S	W	G	Z	G	P	U	C	T
X	S	Q	Z	C	M	E	L	A	V	B	C	K	E	A
Ç	J	F	W	M	A	C	Q	V	H	H	X	P	R	R

PAUZINHOS
CHALEIRA
JARRO
TIGELA
FACAS
FREEZER
COLHERES
GARFOS
FORNO
GELADEIRA
AVENTAL
GRELHA
COMER
CONCHA
RECEITA
ESPECIARIAS
ESPONJA
CUPS
GUARDANAPO
JAR

94 - Giardinaggio

M	M	J	J	L	F	C	O	X	T	F	S	Q	L	F
L	A	R	E	C	I	P	I	E	N	T	E	G	D	L
W	Y	N	Á	G	U	A	M	I	L	C	H	J	R	O
O	A	R	G	Ê	E	S	P	É	C	I	E	S	K	R
S	K	U	E	U	S	O	L	O	P	Z	B	E	J	A
C	U	A	L	Q	E	C	O	M	P	O	S	T	O	L
C	O	J	U	U	F	I	C	B	E	F	L	N	C	A
O	L	M	E	B	C	D	R	N	X	L	I	E	I	N
W	Z	C	E	I	G	I	A	A	Ó	O	F	M	N	O
U	N	I	Q	S	R	J	M	H	T	R	D	E	Â	Z
Ç	X	Ç	E	L	T	A	O	L	I	O	W	S	T	A
K	B	A	E	W	O	Í	P	O	C	H	D	E	O	S
D	Y	D	B	T	B	A	V	F	O	T	K	U	B	G
U	M	I	D	A	D	E	I	E	Q	Z	O	O	D	J
F	O	L	H	A	G	E	M	U	L	A	K	E	A	Q

ÁGUA
BOTÂNICO
CLIMA
COMESTÍVEL
COMPOSTO
RECIPIENTE
EXÓTICO
FLOR
FLORAL
FOLHA
FOLHAGEM
POMAR
BUQUÊ
SEMENTES
ESPÉCIES
SUJEIRA
SAZONAL
SOLO
MANGUEIRA
UMIDADE

95 - Universo

H	X	X	W	A	T	I	B	R	Ó	B	Q	R	Q	A
O	T	M	P	B	U	E	D	U	T	I	T	A	L	S
R	U	Z	V	W	A	T	L	E	V	Í	S	I	V	T
I	G	A	L	Á	X	I	A	E	D	R	H	C	U	E
Z	G	A	Ç	O	I	R	É	F	S	I	M	E	H	R
O	A	S	T	R	Ô	N	O	M	O	C	J	D	T	Ó
N	E	R	D	K	X	F	Q	S	M	O	Ó	A	O	I
T	I	I	F	B	L	W	H	D	F	I	H	P	C	D
E	Z	L	A	I	T	S	E	L	E	C	H	E	I	E
E	D	U	T	I	G	N	O	L	U	Í	O	T	M	O
P	S	A	É	I	M	B	N	R	B	T	U	R	S	Y
T	Q	H	X	C	K	K	C	N	A	S	F	E	Ó	A
I	A	T	M	O	S	F	E	R	A	L	N	V	C	Q
A	S	T	R	O	N	O	M	I	A	O	O	A	R	C
Z	O	D	Í	A	C	O	U	O	N	S	B	S	Ç	O

ASTERÓIDE
ASTRONOMIA
ASTRÔNOMO
ATMOSFERA
TREVAS
CELESTIAL
CÉU
CÓSMICO
HEMISFÉRIO
GALÁXIA
LATITUDE
LONGITUDE
LUA
ÓRBITA
HORIZONTE
SOLAR
SOLSTÍCIO
TELESCÓPIO
VISÍVEL
ZODÍACO

96 - Jazz

R	X	F	F	R	N	K	D	Z	M	S	N	Z	I	Á
I	V	A	Z	A	F	O	G	G	Ú	O	G	F	M	L
T	E	M	V	I	V	R	V	T	S	I	K	T	P	B
M	L	O	B	Q	A	O	D	O	I	L	C	Z	R	U
O	H	S	Z	W	O	T	R	E	C	N	O	C	O	M
B	O	O	Z	T	G	I	O	I	A	J	N	G	V	O
Ê	N	F	A	S	E	S	A	Ç	T	J	W	H	I	R
G	Ê	N	E	R	O	O	U	P	V	O	W	R	S	Q
E	S	T	I	L	O	P	O	V	L	R	S	K	A	U
O	Ç	Q	L	D	Y	M	Y	J	K	A	A	E	Ç	E
Ã	P	Z	A	F	W	O	W	J	F	C	U	D	Ã	S
Ç	F	Ç	S	S	A	C	O	I	U	I	U	S	O	T
N	T	I	C	U	T	A	L	E	N	T	O	R	O	R
A	R	T	I	S	T	A	T	É	C	N	I	C	A	A
C	O	M	P	O	S	I	Ç	Ã	O	K	E	W	H	O

ÁLBUM
APLAUSO
ARTISTA
CANÇÃO
COMPOSITOR
COMPOSIÇÃO
CONCERTO
ÊNFASE
FAMOSO
GÊNERO
IMPROVISAÇÃO
MÚSICA
NOVO
ORQUESTRA
FAVORITOS
RITMO
ESTILO
TALENTO
TÉCNICA
VELHO

97 - Vacanze #2

B	R	C	H	P	J	P	V	S	V	P	W	E	A	M
G	I	O	A	R	T	F	M	O	X	I	F	S	C	O
A	F	O	D	A	I	R	E	F	Z	Z	L	T	A	N
T	Á	X	I	I	A	E	E	C	P	T	D	R	M	T
S	E	B	R	A	L	V	T	U	Ç	E	E	A	P	A
L	A	Z	E	R	K	X	N	Y	O	N	S	N	A	N
E	T	R	O	P	S	N	A	R	T	D	T	G	M	H
B	D	Y	T	Ç	J	F	R	H	Ç	A	I	E	E	A
K	P	J	R	B	T	T	U	O	L	Ç	N	I	N	S
Y	W	B	O	M	E	G	A	I	V	I	O	R	T	V
P	Q	Y	P	A	O	O	T	C	F	Y	J	O	O	K
E	T	R	O	P	A	S	S	A	P	O	T	S	I	V
T	F	R	R	A	M	Y	E	I	O	E	T	G	Z	D
W	M	U	E	P	A	K	R	O	F	N	T	O	G	F
J	V	H	A	H	O	T	E	L	Z	S	B	F	S	J

AEROPORTO
ACAMPAMENTO
DESTINO
FOTOS
HOTEL
ILHA
MAPA
MAR
MONTANHAS
PASSAPORTE
RESTAURANTE
PRAIA
ESTRANGEIRO
TÁXI
LAZER
TENDA
TRANSPORTE
FERIADO
VIAGEM
VISTO

98 - Diplomazia

D	I	P	L	O	M	Á	T	I	C	O	J	C	E	B
C	O	N	S	U	L	T	O	R	U	O	U	Í	M	Ç
C	I	D	A	D	Ã	O	S	X	R	N	S	V	B	L
K	A	C	I	T	Í	L	O	P	I	R	T	I	A	R
I	N	T	E	G	R	I	D	A	D	E	I	C	I	E
E	C	D	V	J	D	S	A	C	J	V	Ç	O	X	S
C	M	O	I	F	U	Y	T	I	P	O	A	Ã	A	O
O	X	B	M	S	C	C	A	T	B	G	Ç	Ç	D	L
N	E	R	A	U	C	A	R	É	N	F	N	U	O	U
F	H	U	H	I	N	U	T	Z	J	K	A	L	R	Ç
L	H	A	J	T	X	I	S	H	O	F	R	O	Ç	Ã
I	K	Ç	E	Q	R	A	D	S	A	H	U	S	A	O
T	E	Ç	V	T	D	E	D	A	Ã	A	G	G	P	L
O	R	H	B	E	L	R	A	A	D	O	E	C	W	S
C	O	O	P	E	R	A	Ç	Ã	O	E	S	E	Z	P

EMBAIXADA
EMBAIXADOR
CIDADÃOS
CÍVICO
COMUNIDADE
CONFLITO
CONSULTOR
COOPERAÇÃO
DIPLOMÁTICO
DISCUSSÃO
ÉTICA
JUSTIÇA
GOVERNO
INTEGRIDADE
POLÍTICA
RESOLUÇÃO
SEGURANÇA
SOLUÇÃO
TRATADO

99 - Forniture Artistiche

S	P	K	I	P	L	K	U	Z	L	Q	T	A	T	B
E	S	C	O	V	A	S	A	L	E	R	A	U	Q	A
N	A	B	Q	Z	A	U	G	Á	P	Q	E	S	C	L
T	T	R	J	O	P	R	Ç	T	A	G	Y	T	A	Á
X	N	Y	R	O	D	A	G	A	P	A	M	M	D	P
H	I	W	Q	K	F	E	S	I	T	T	C	W	E	I
Q	T	Q	K	U	K	P	T	T	L	N	O	O	I	S
C	Â	M	E	R	A	C	V	E	E	A	L	T	R	D
E	D	Ç	Q	N	Z	X	R	P	L	L	A	I	A	F
G	I	I	F	F	D	L	M	E	S	A	S	N	K	C
Ó	K	K	X	V	G	E	J	G	H	S	V	T	F	O
L	M	J	B	Z	X	T	I	D	T	Ç	C	A	K	R
E	D	A	D	I	V	I	T	A	I	R	C	H	C	E
O	Ã	V	R	A	C	A	C	R	Í	L	I	C	O	S
F	D	C	X	Q	Y	E	V	W	R	P	D	O	T	S

ÁGUA
AQUARELAS
ACRÍLICO
ARGILA
CARVÃO
PAPEL
CAVALETE
COLA
CORES
CRIATIVIDADE
APAGADOR
TINTA
LÁPIS
ÓLEO
PASTELS
CADEIRA
ESCOVAS
MESA
CÂMERA
TINTAS

100 - Misurazioni

P	R	O	F	U	N	D	I	D	A	D	E	R	J	U
P	L	R	Ç	U	Y	O	H	Y	A	I	I	S	X	L
Q	O	R	T	I	L	R	V	G	Q	P	V	Ç	X	W
U	R	L	K	Z	B	V	O	L	U	M	E	O	L	C
I	T	T	E	Q	O	T	U	N	I	M	O	S	E	P
L	E	O	M	G	J	D	B	A	R	U	T	L	A	C
O	M	N	M	R	A	M	E	T	R	O	N	D	M	E
G	Ô	E	T	A	Z	D	Z	N	M	G	E	M	A	N
R	L	L	O	B	S	W	A	F	R	L	M	A	R	T
A	I	A	M	N	G	G	V	R	E	Z	I	S	G	Í
M	U	D	Ç	S	Ç	T	D	A	E	F	R	S	D	M
A	Q	A	B	Ç	N	A	Y	D	A	Y	P	A	S	E
B	G	D	E	C	I	M	A	L	L	V	M	S	T	T
B	Y	T	E	L	A	R	G	U	R	A	O	R	F	R
T	Y	A	Y	M	H	L	U	H	G	W	C	H	A	O

ALTURA
BYTE
CENTÍMETRO
QUILOGRAMA
QUILÔMETRO
DECIMAL
GRAU
GRAMA
LARGURA
LITRO
COMPRIMENTO
MASSA
METRO
MINUTO
ONÇA
PESO
POLEGADA
PROFUNDIDADE
TONELADA
VOLUME

1 - Scacchi

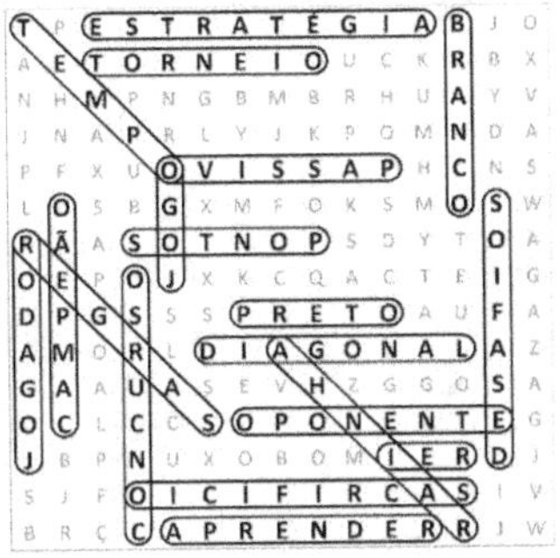

2 - Salute e Benessere #2

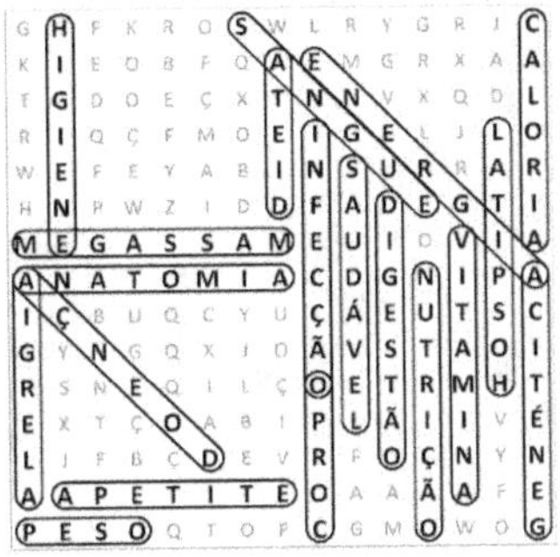

3 - Aggettivi #2

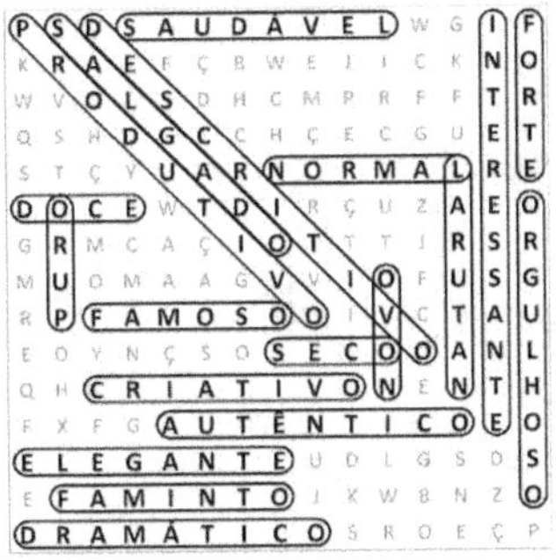

4 - Ingegneria

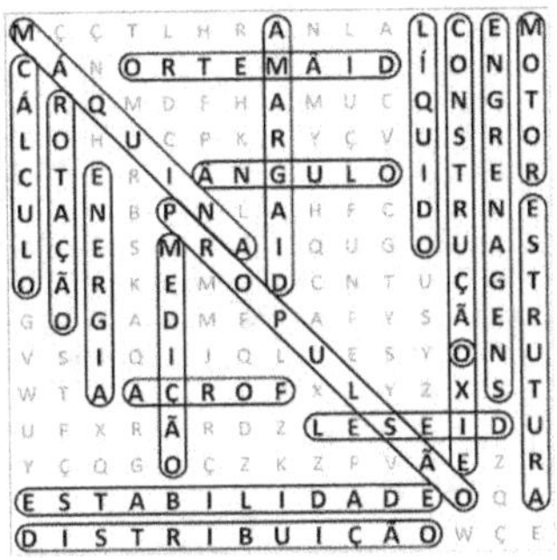

5 - Archeologia

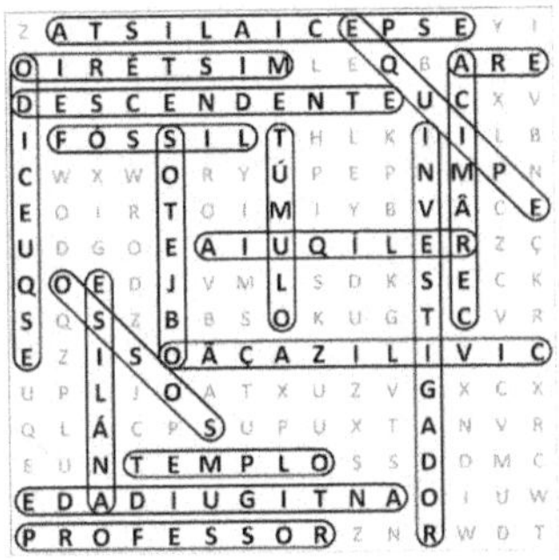

6 - Salute e Benessere #1

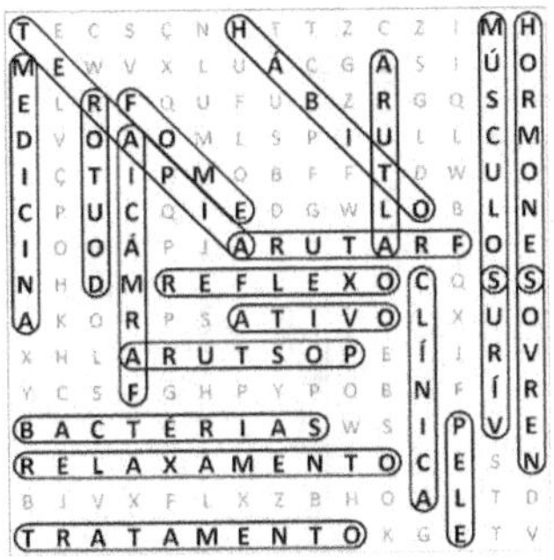

7 - Aggettivi #1

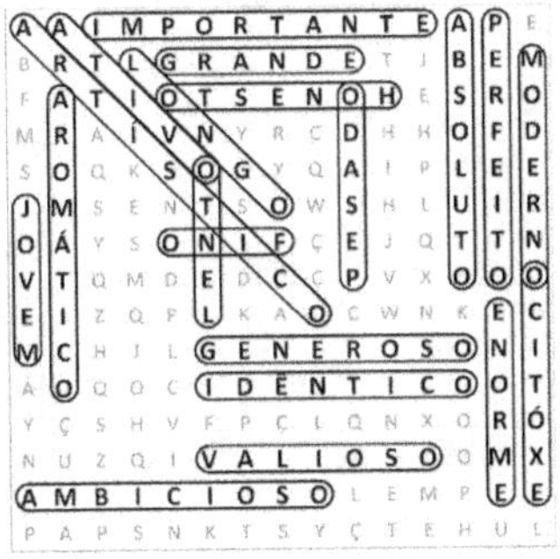

8 - Geologia

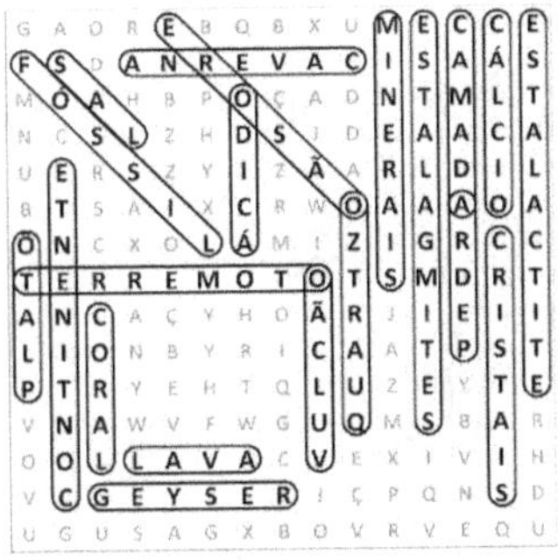

9 - Campeggio

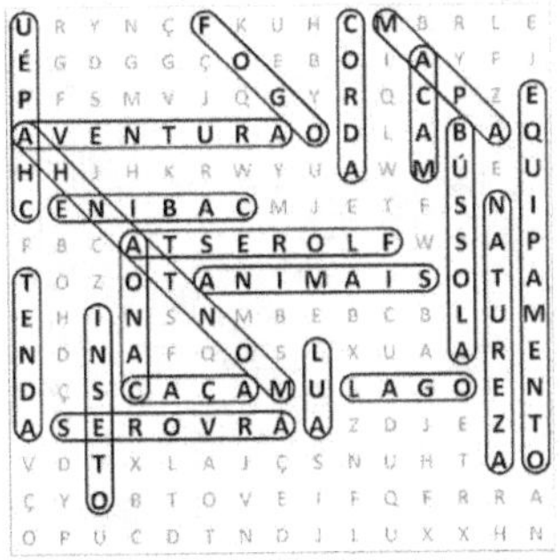

10 - Arti Visive

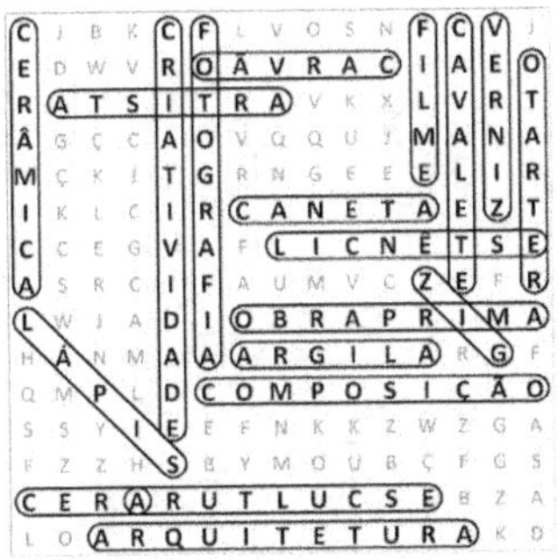

11 - Tempo

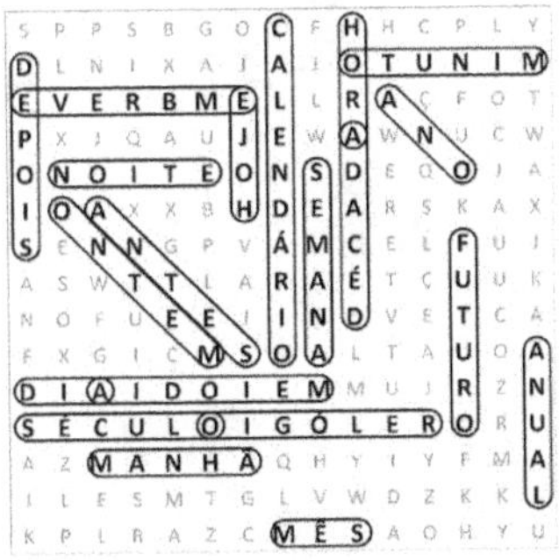

12 - Astronomia

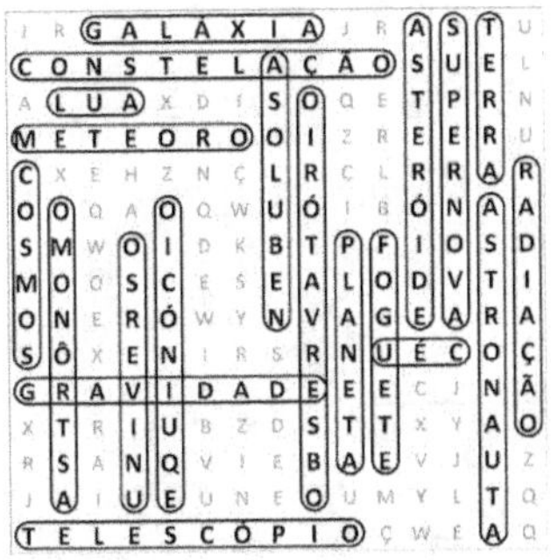

13 - Algebra

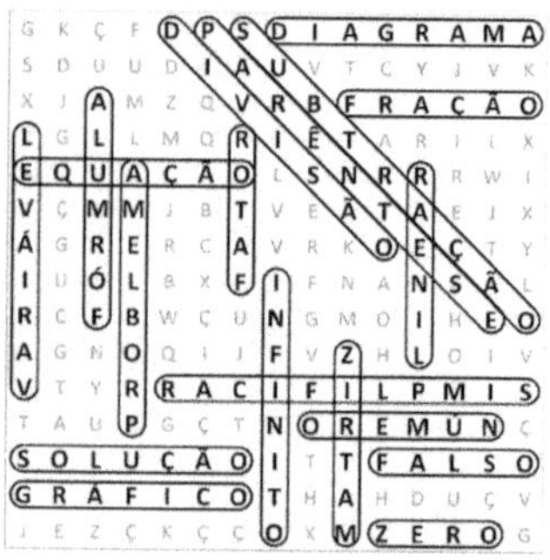

14 - Mitologia

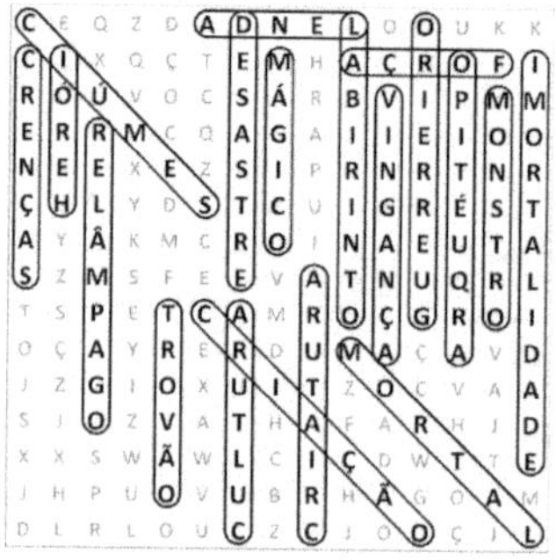

15 - Piante

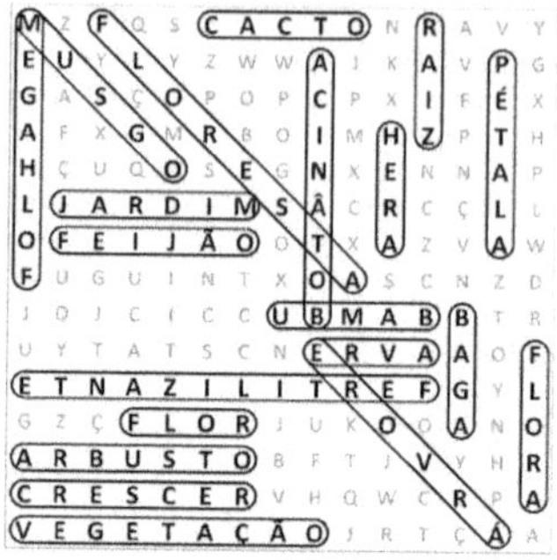

16 - Spezie

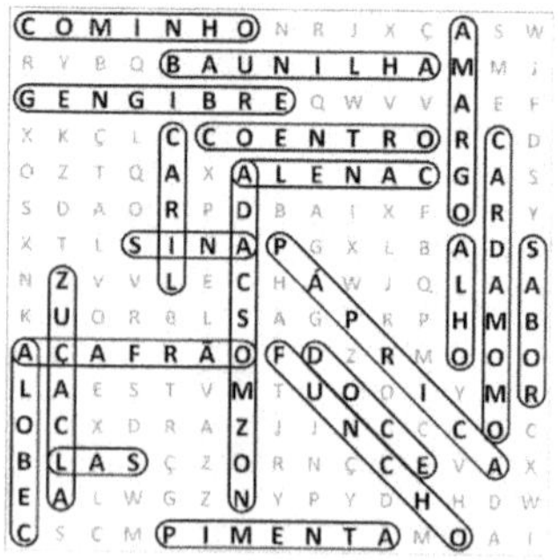

17 - Numeri

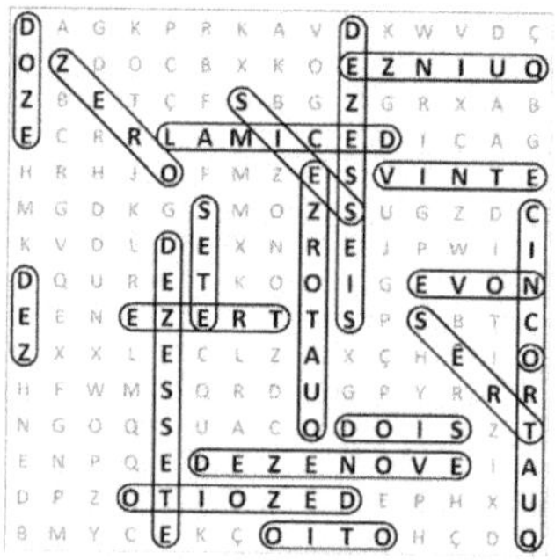

18 - Cioccolato

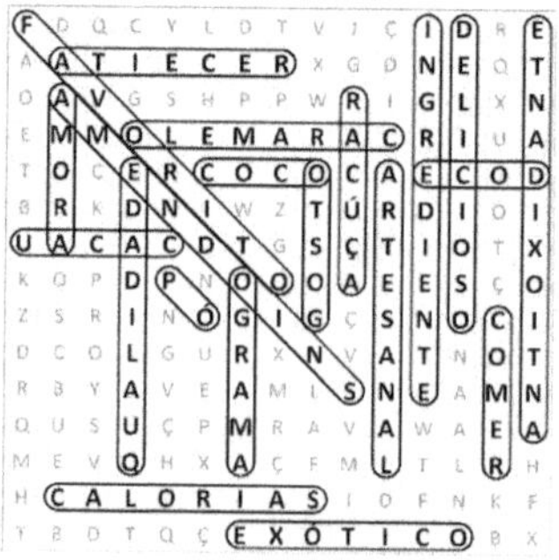

19 - Immigrazione

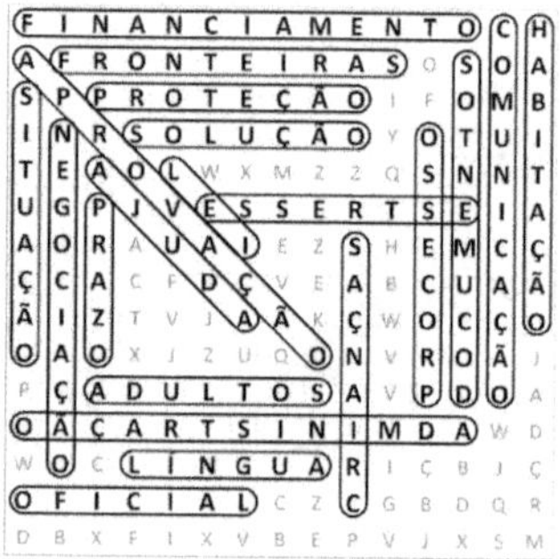

20 - Guida

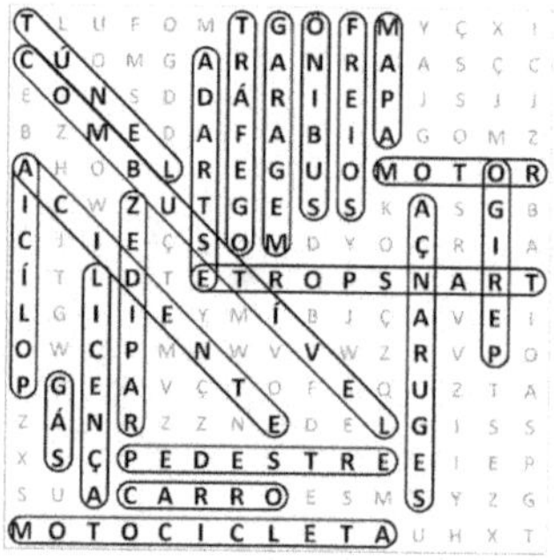

21 - I Media

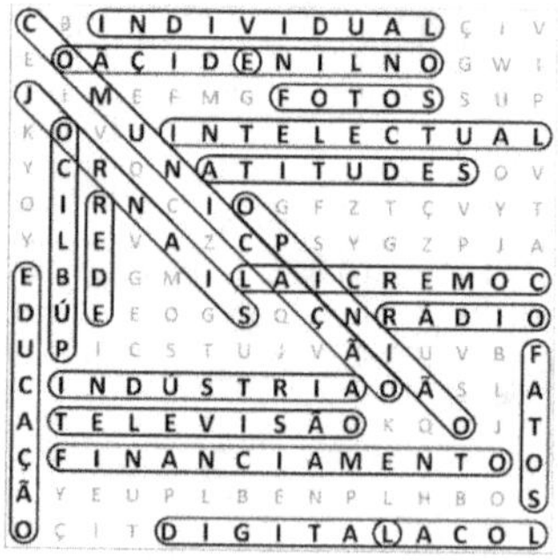

22 - Forza e Gravità

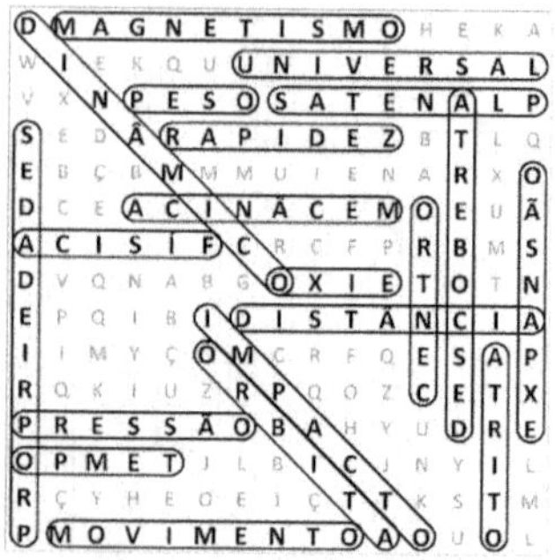

23 - Sport

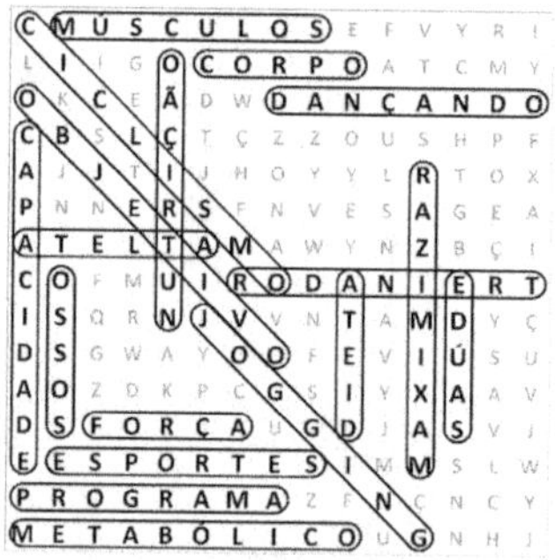

24 - Uccelli

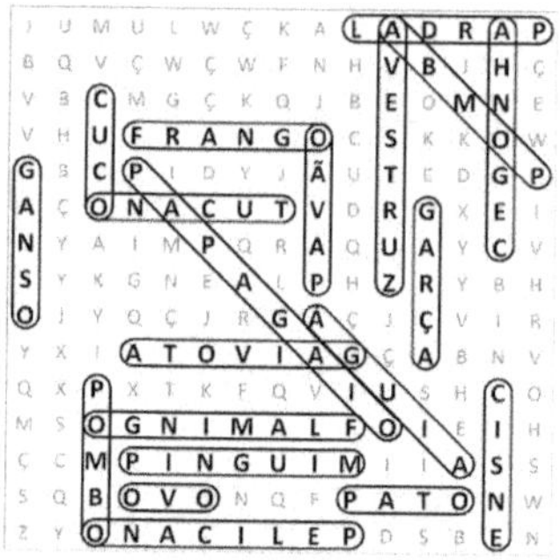

25 - Giorni e Mesi

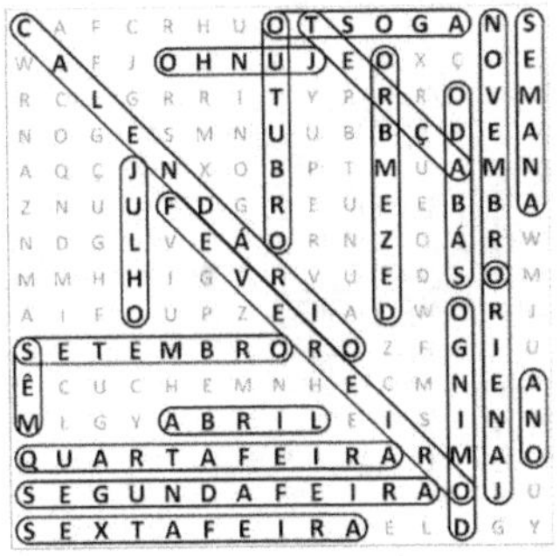

26 - Casa

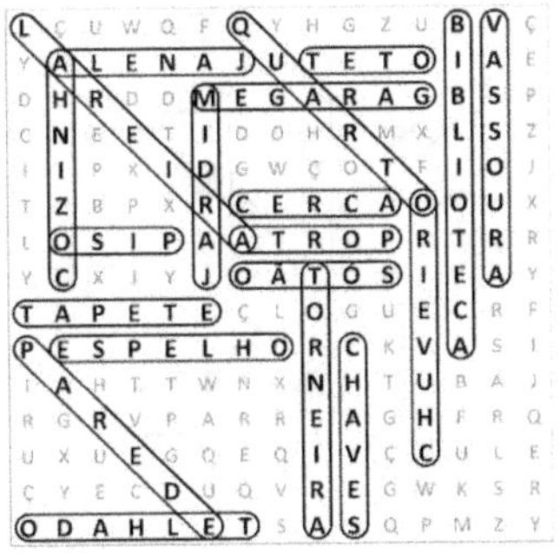

27 - Fantascienza

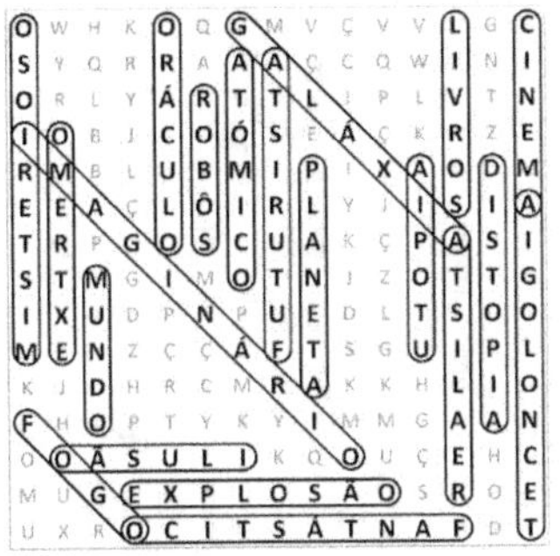

28 - Città

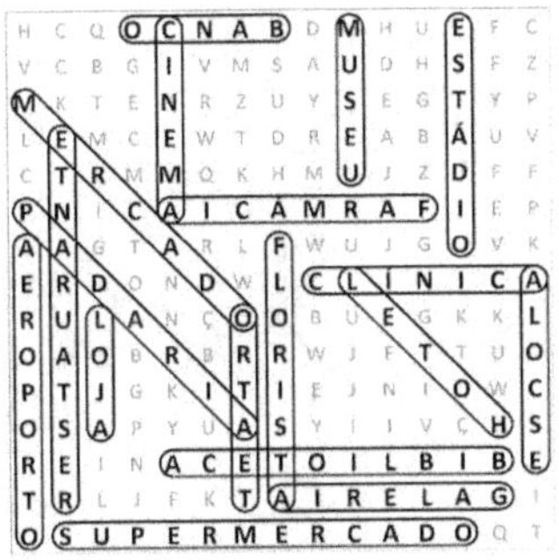

29 - Fattoria #1

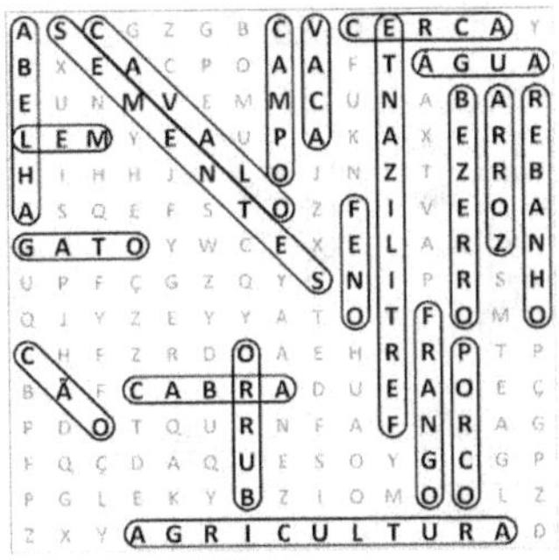

30 - Psicologia

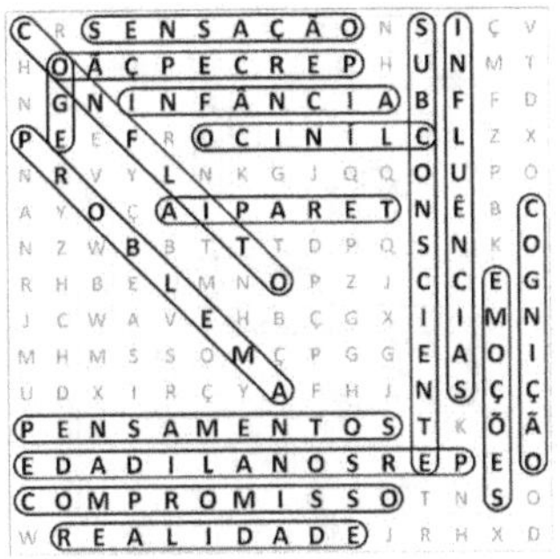

31 - Paesaggi

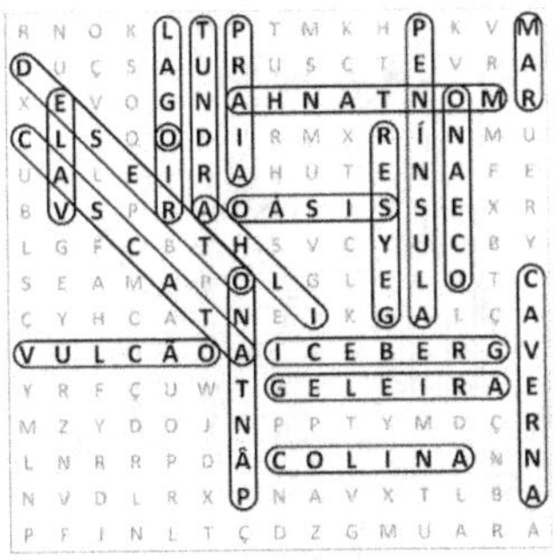

32 - Energia

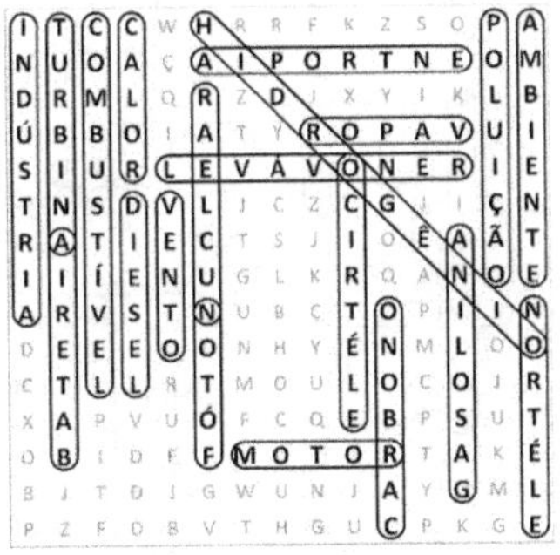

33 - Ristorante #2

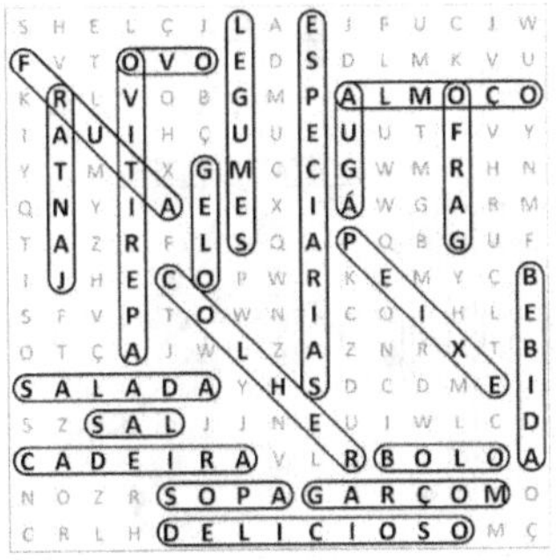

34 - Giardino

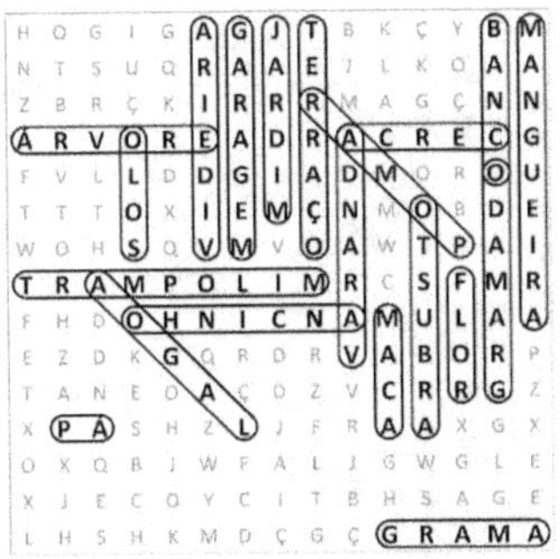

35 - Riscaldamento Gl

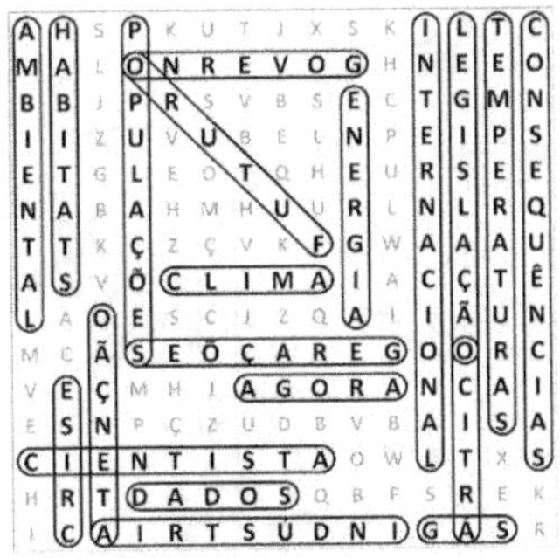

36 - Frutta

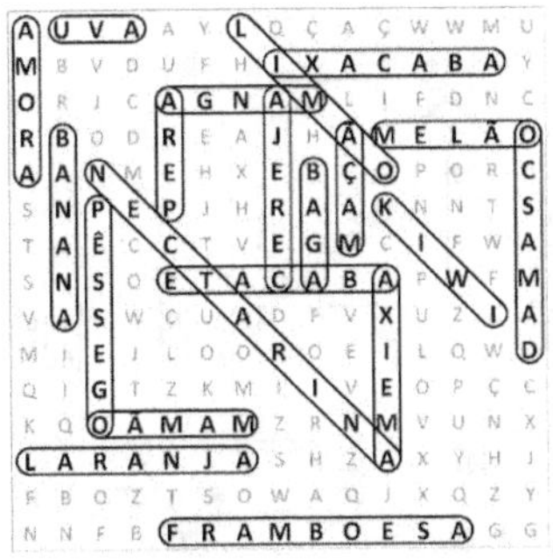

37 - Fattoria #2

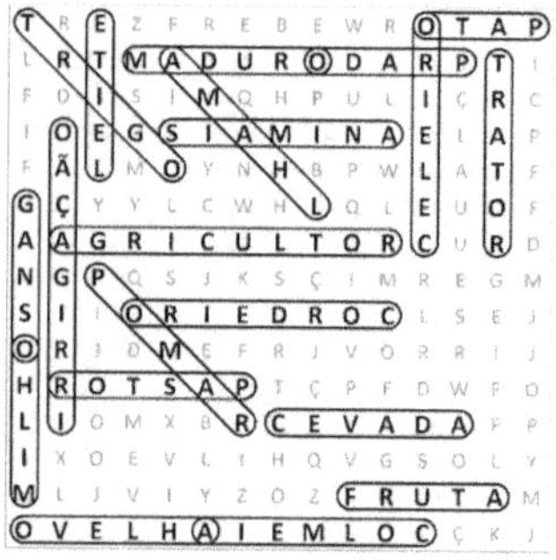

38 - Verdure

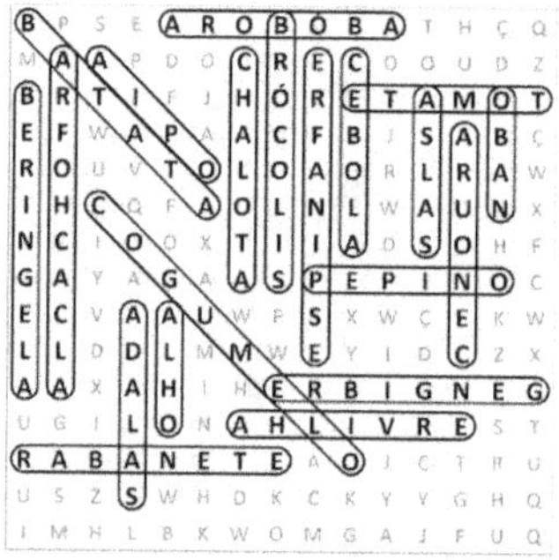

39 - Musica

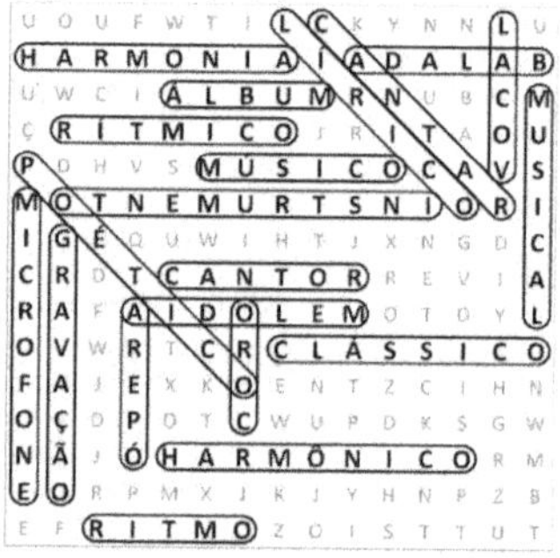

40 - Barbecue

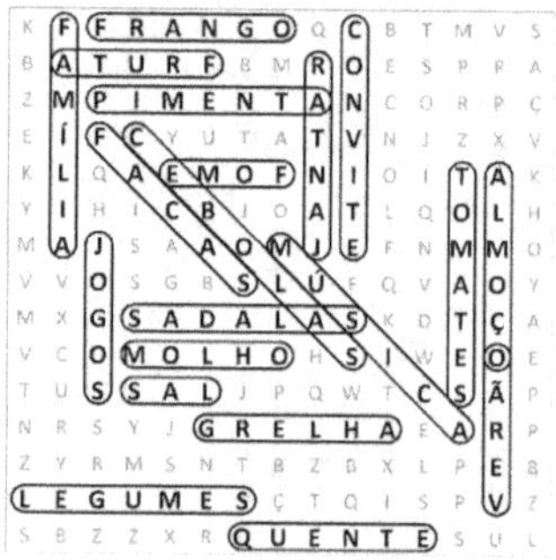

41 - Fisica

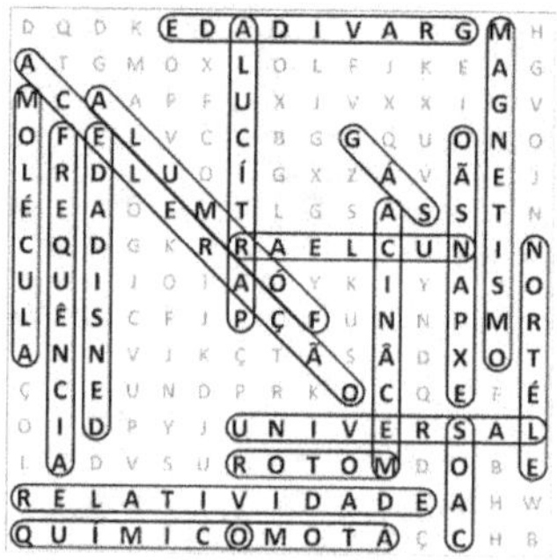

42 - Agronomia

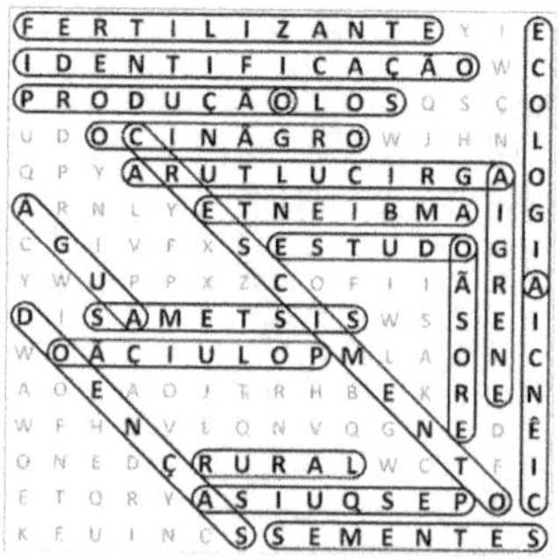

43 - Erboristeria

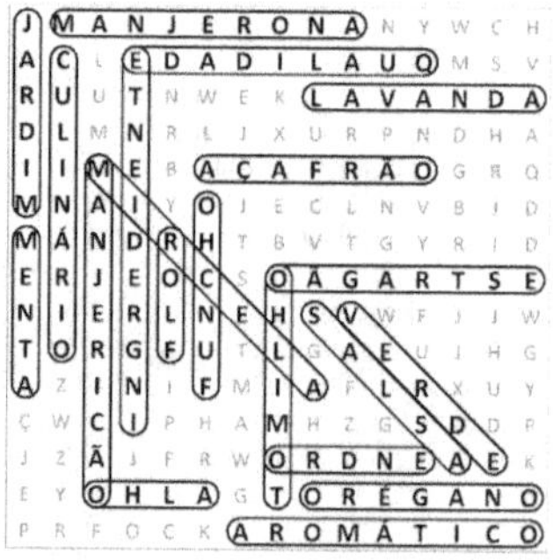

44 - Danza

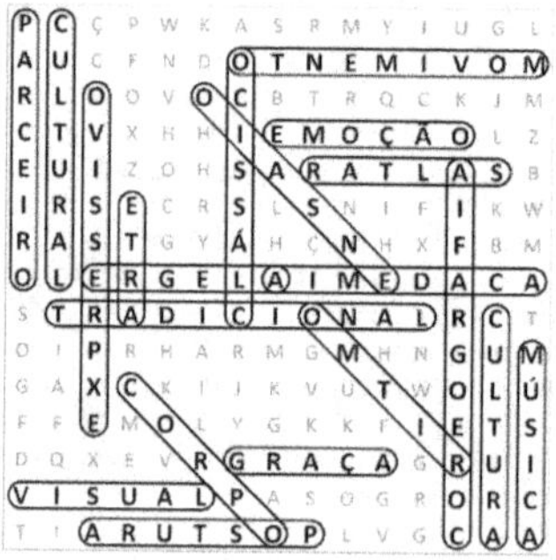

45 - Biologia

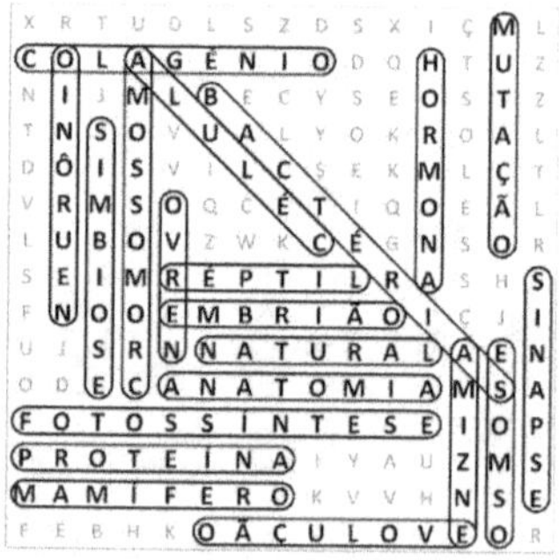

46 - Attività Commerciale

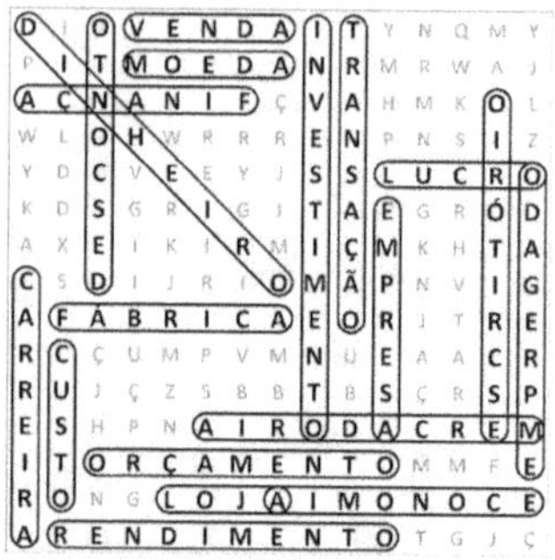

47 - Fiori

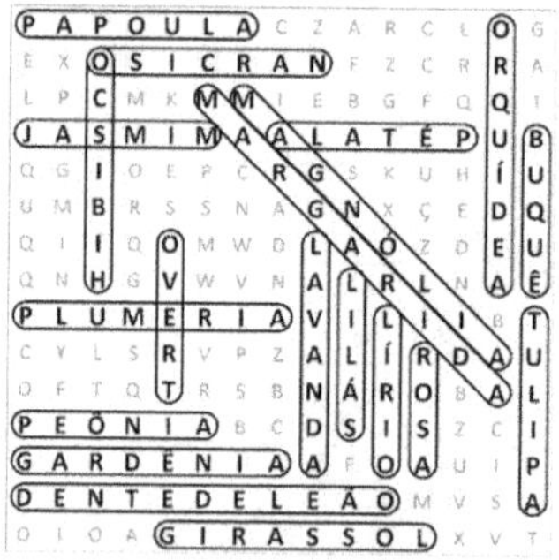

48 - Filantropia

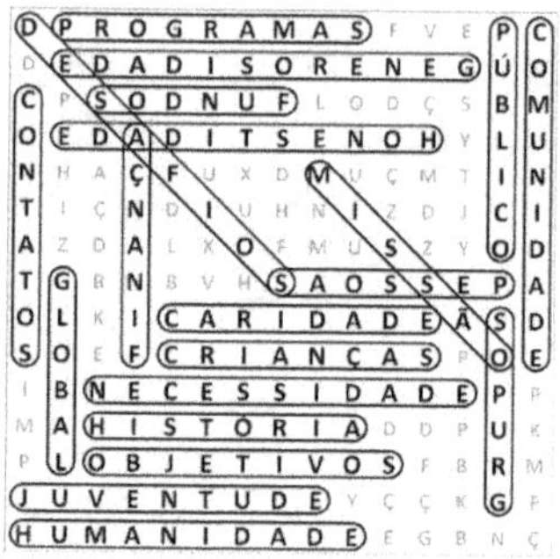

49 - Ecologia

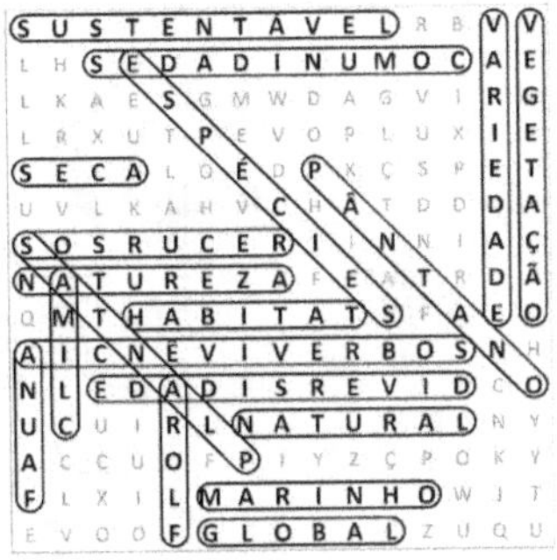

50 - Discipline Scientifiche

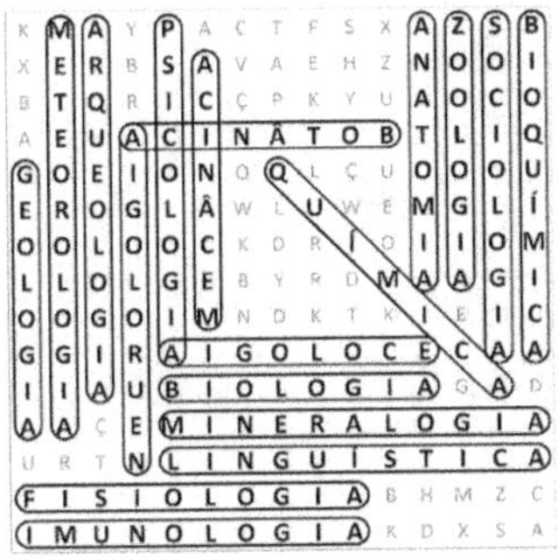

51 - Scienza

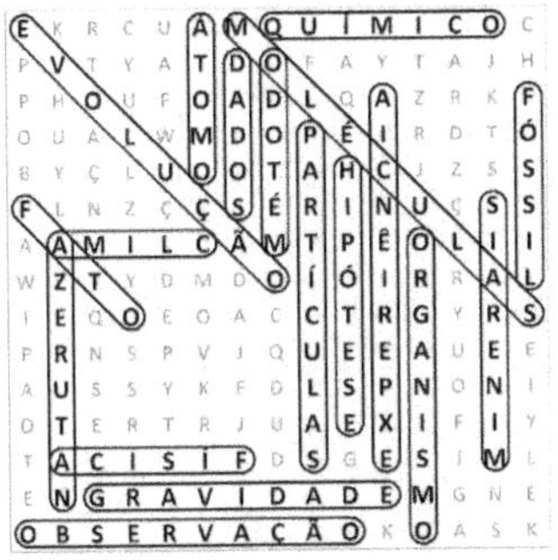

52 - Imbarcazioni

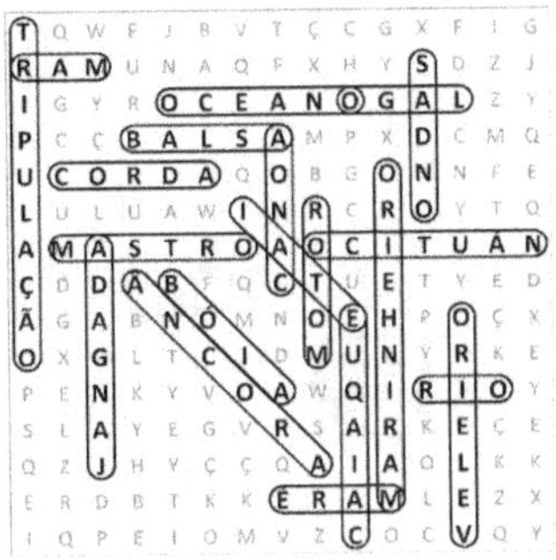

53 - Chimica

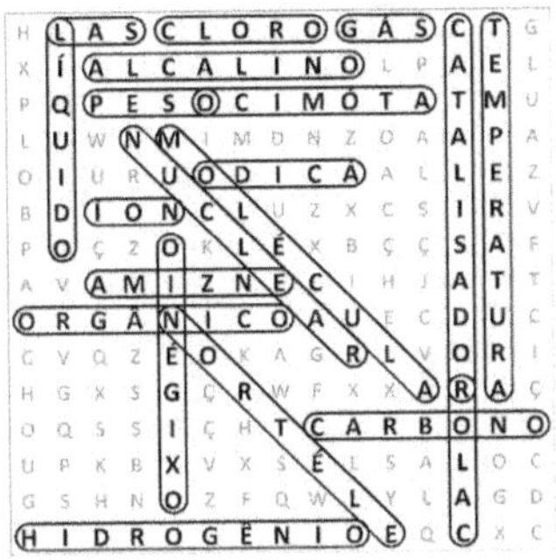

54 - Api

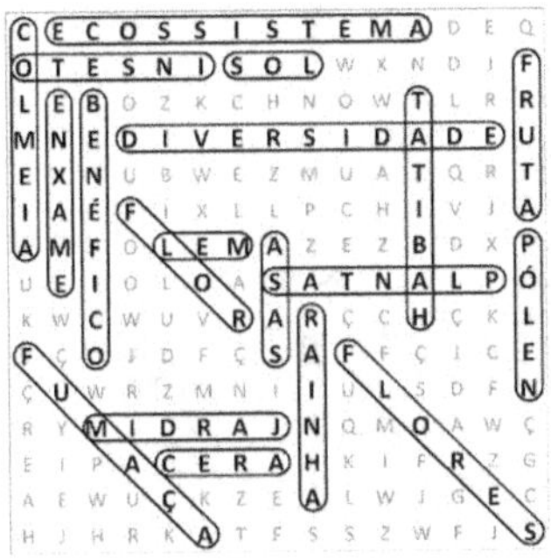

55 - Strumenti Musicali

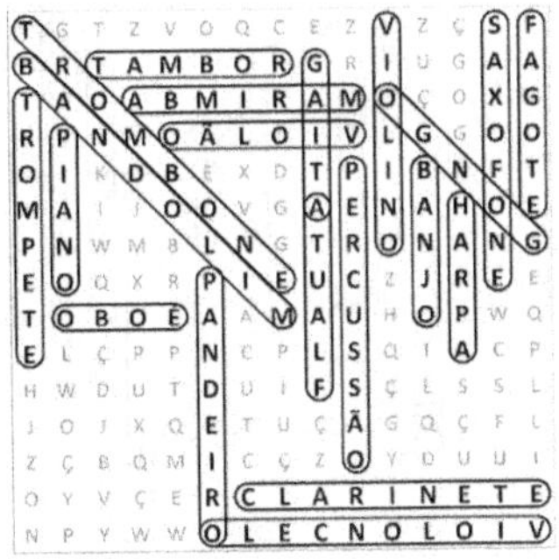

56 - Professioni #2

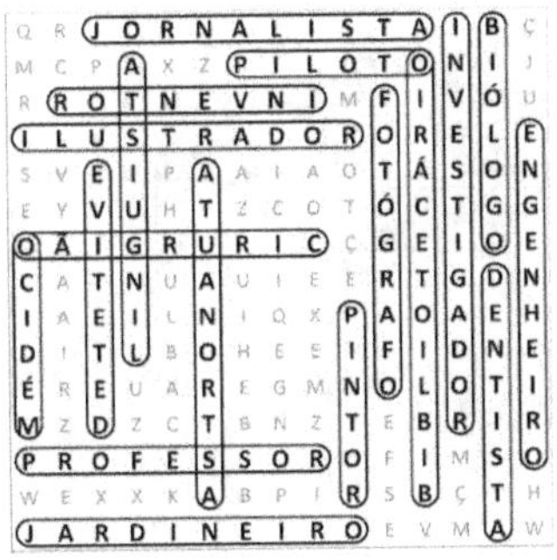

57 - Letteratura

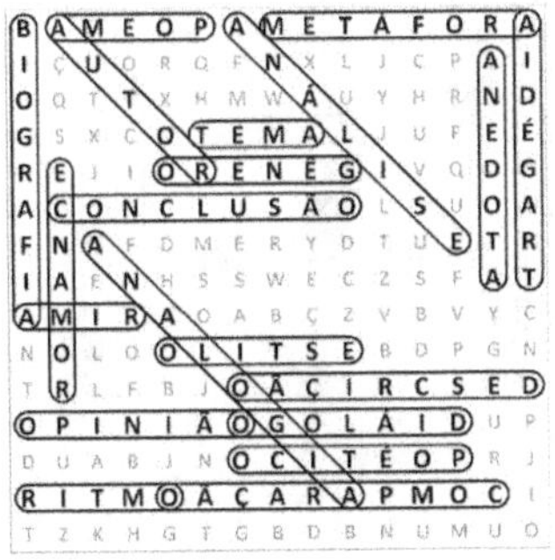

58 - Cibo #2

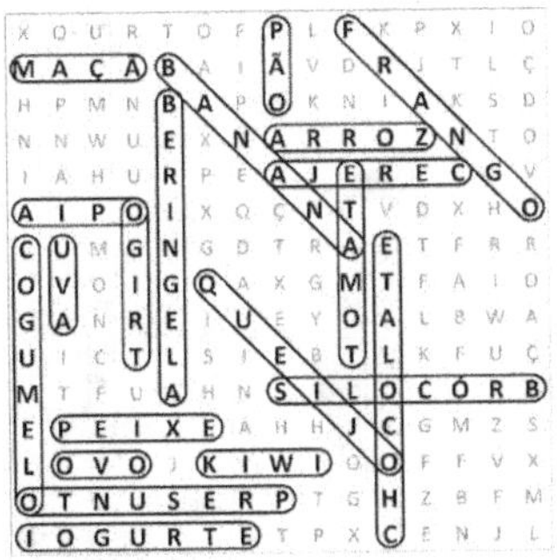

59 - Nutrizione

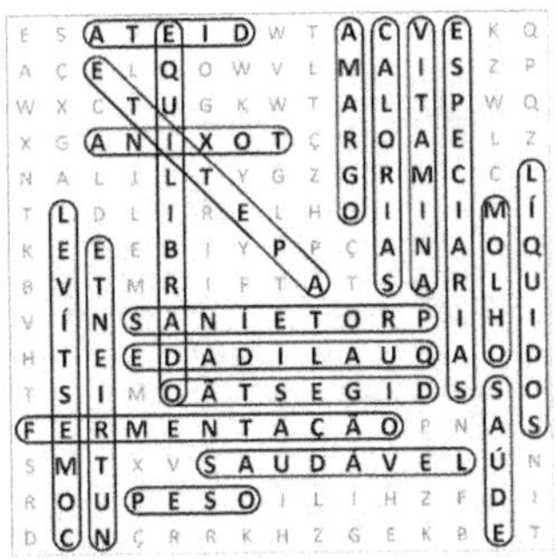

60 - Matematica

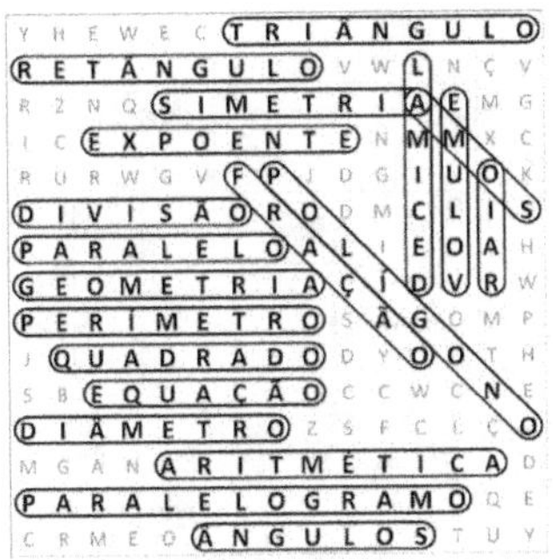

61 - Meditazione

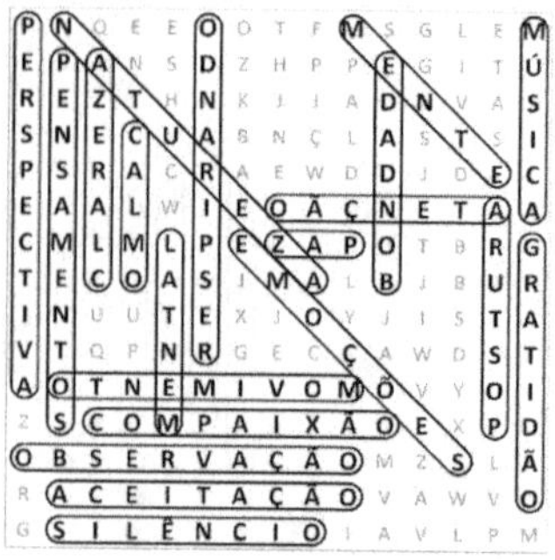

62 - Antiquariato

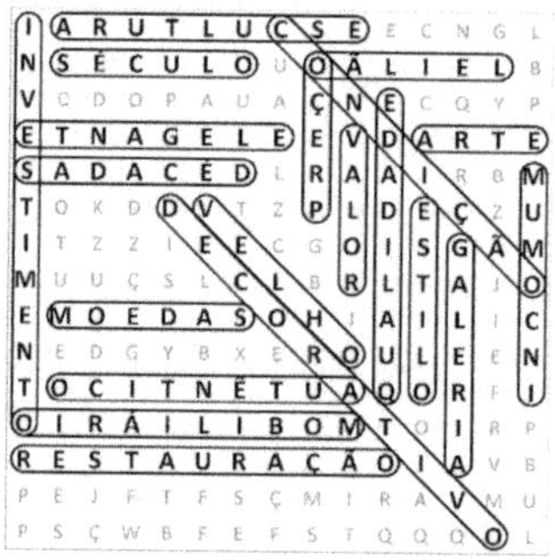

63 - Escursionismo

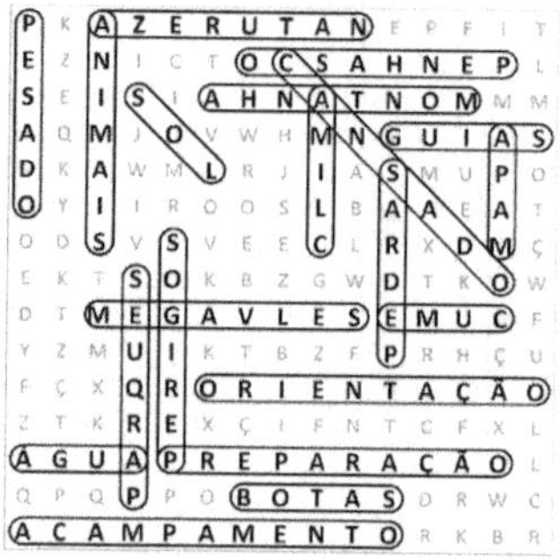

64 - Professioni #1

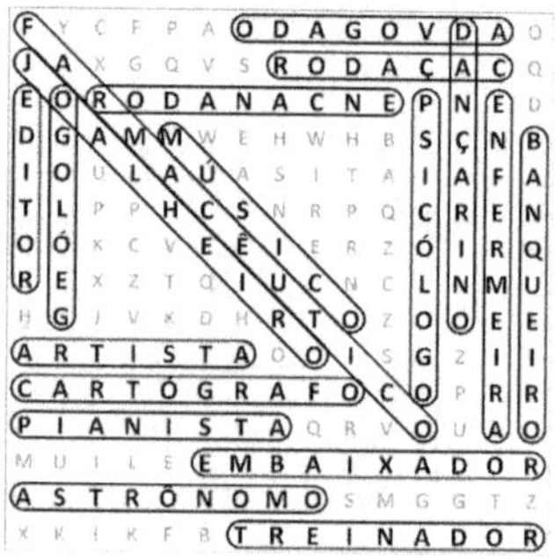

65 - Antartide

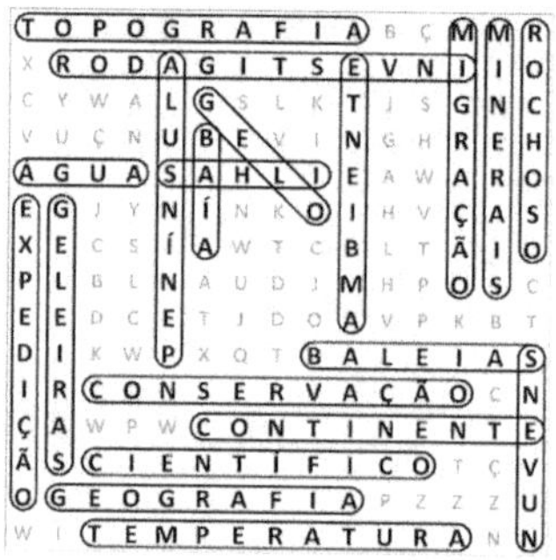

66 - Libri

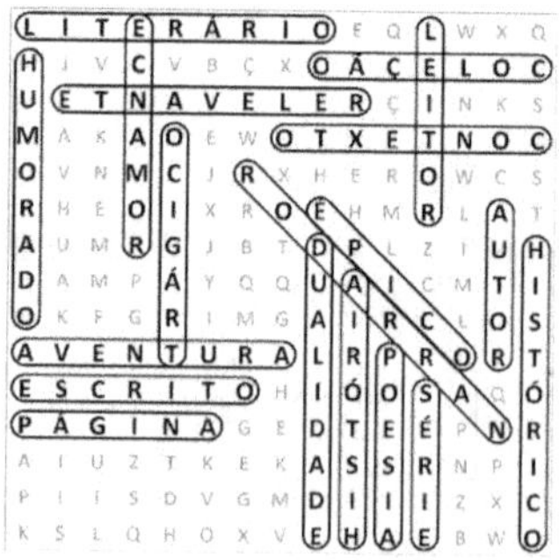

67 - Geografia

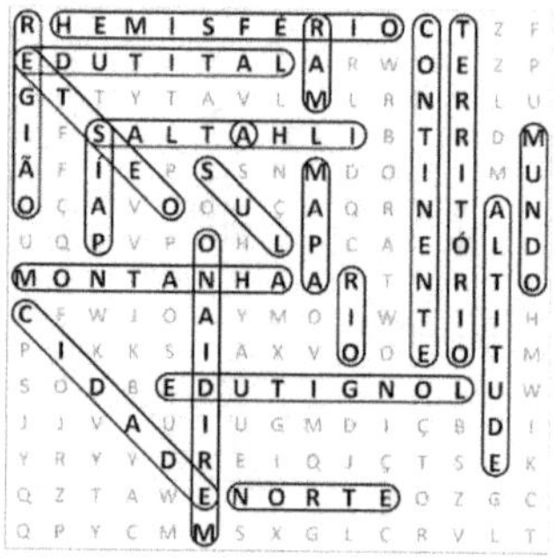

68 - Cibo #1

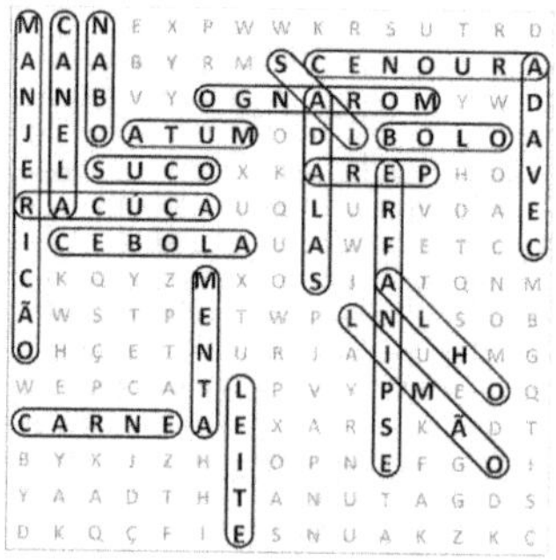

69 - Etica

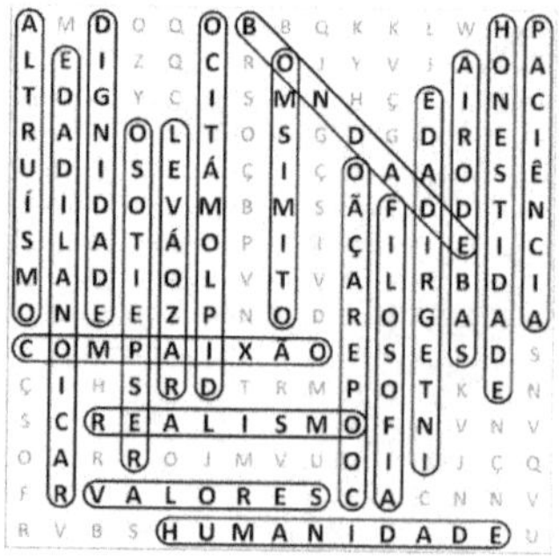

70 - Aeroplani

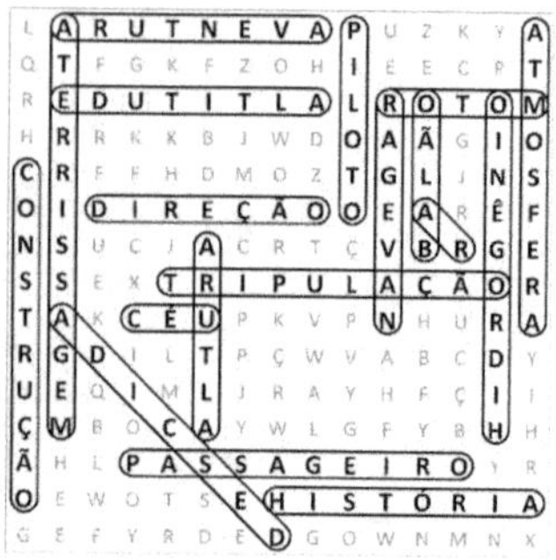

71 - Governo

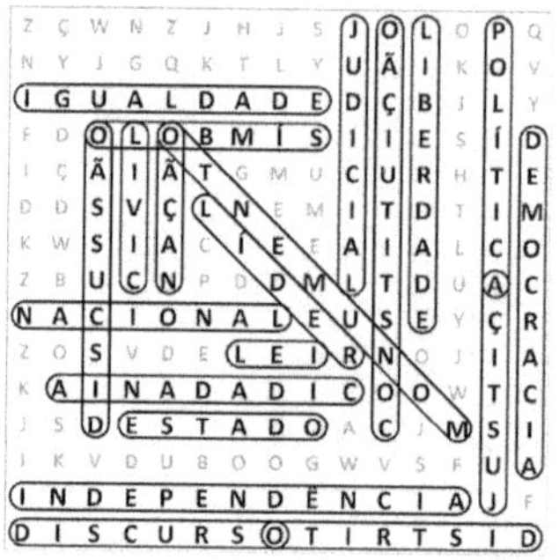

72 - Bellezza

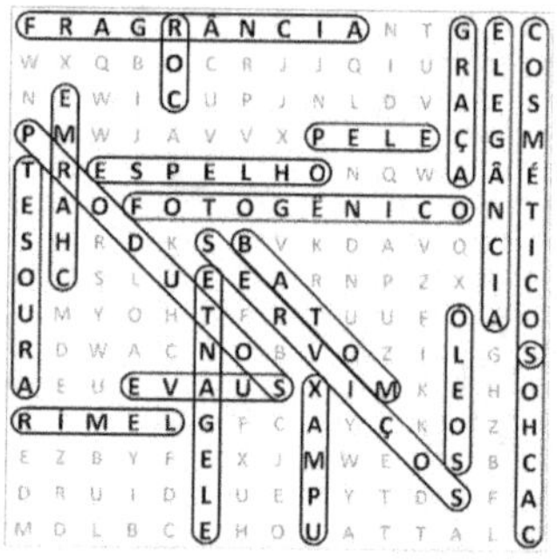

73 - Avventura

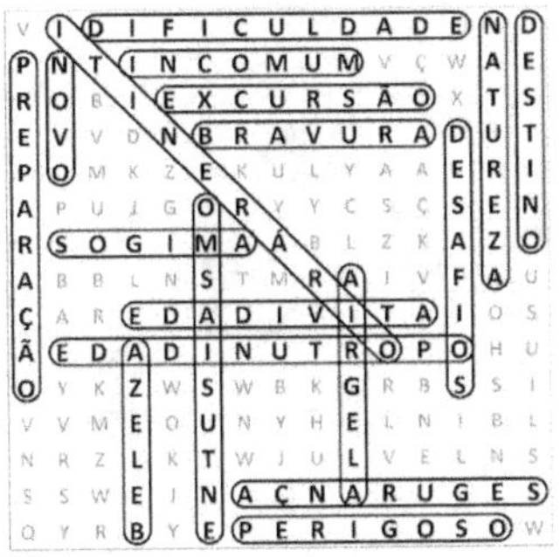

74 - Oceano

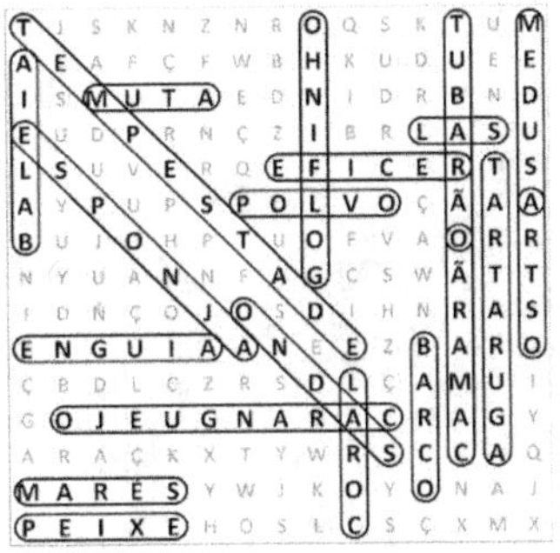

75 - Famiglia

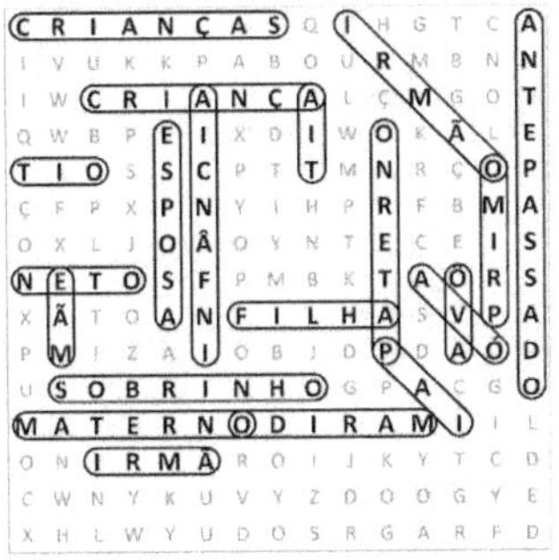

76 - Creatività

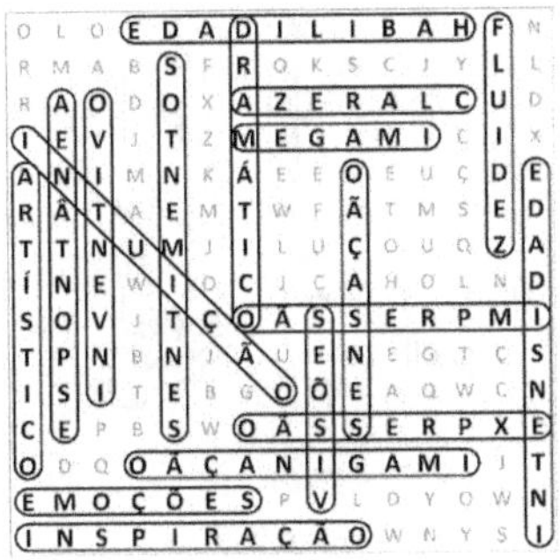

77 - Veicoli

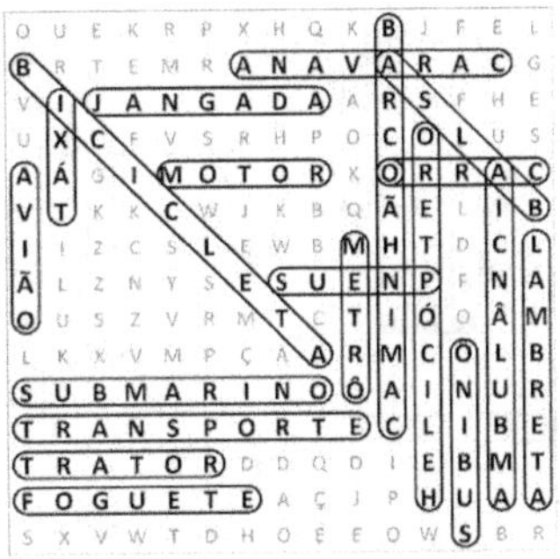

78 - Natura

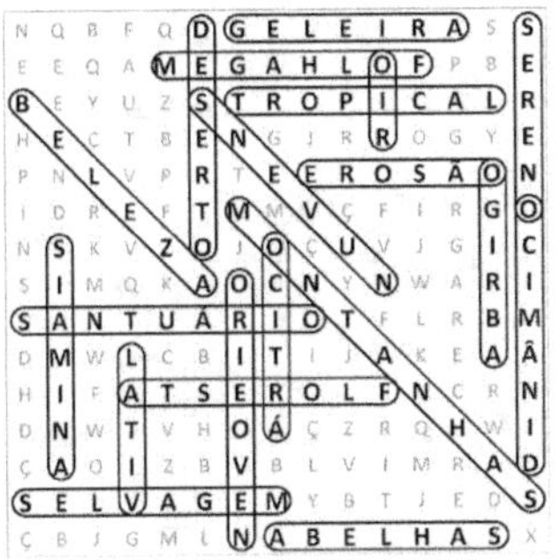

79 - Balletto

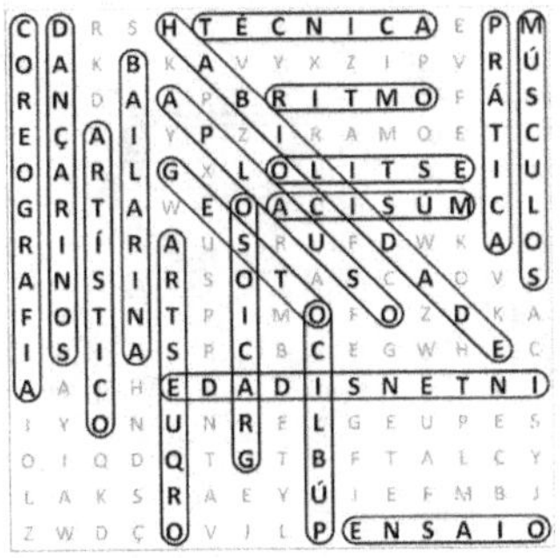

80 - Paesi #1

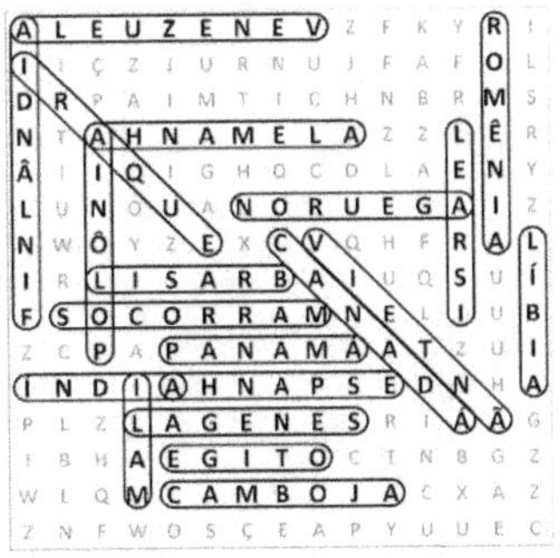

81 - Geometria

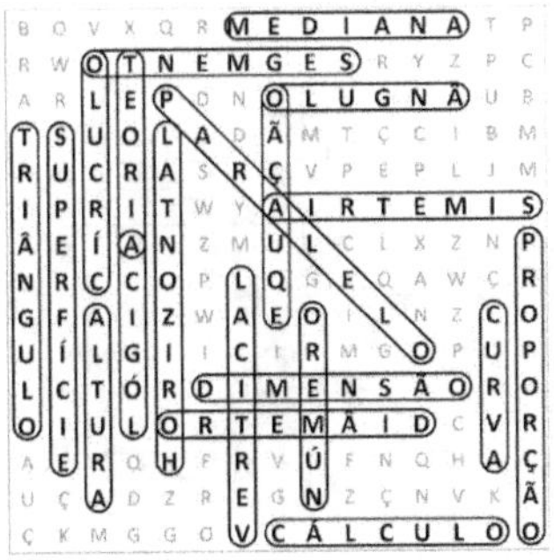

82 - Foresta Pluviale

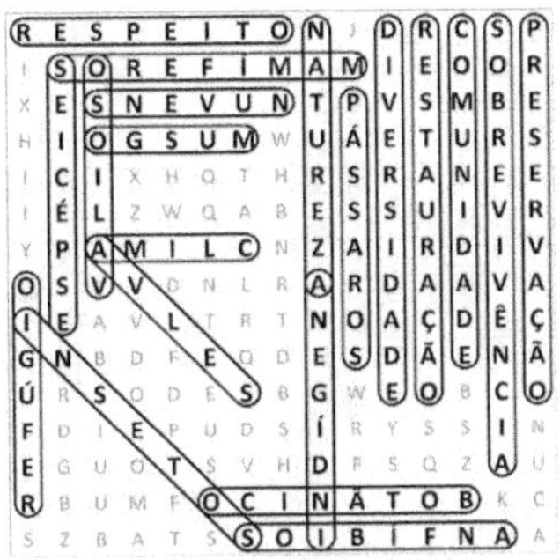

83 - Edifici

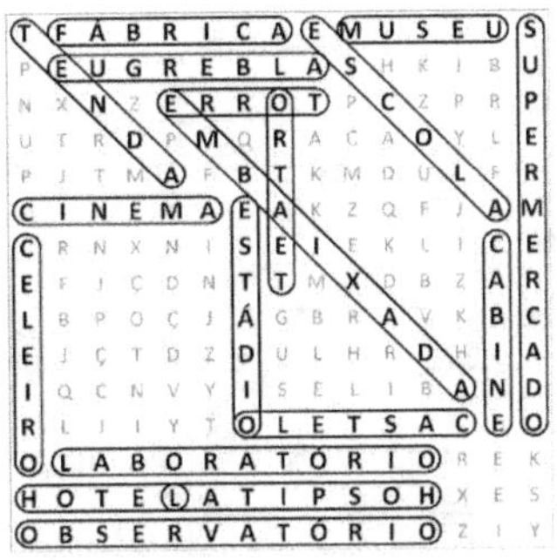

84 - Malattia

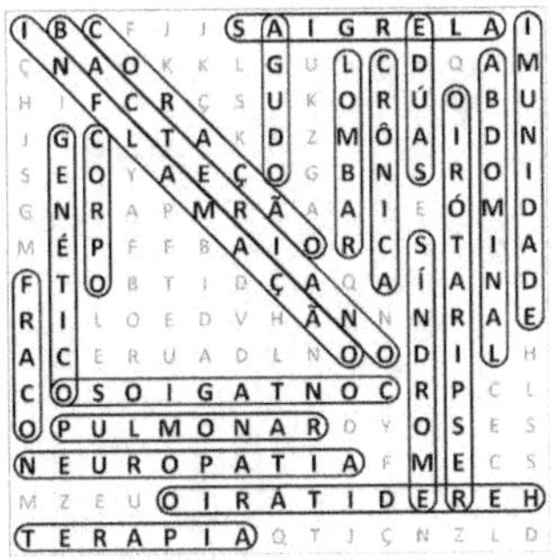

85 - Paesi #2

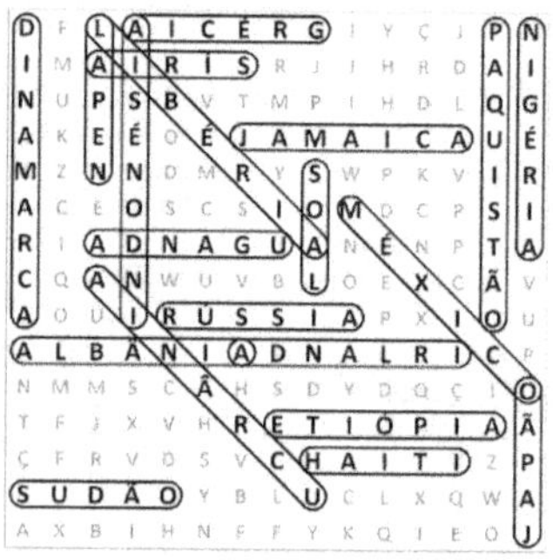

86 - Tipi di Capelli

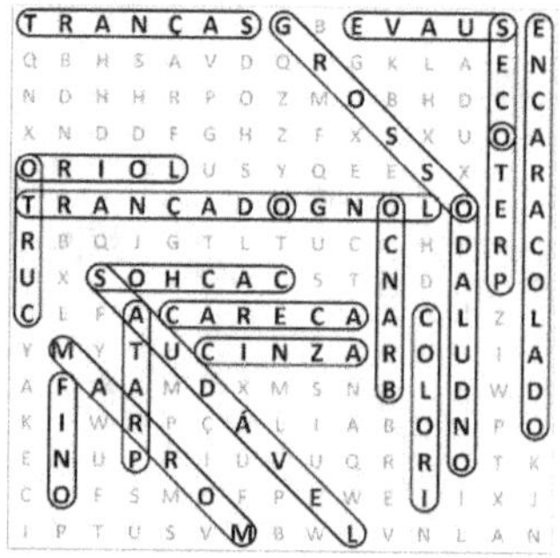

87 - Vestiti

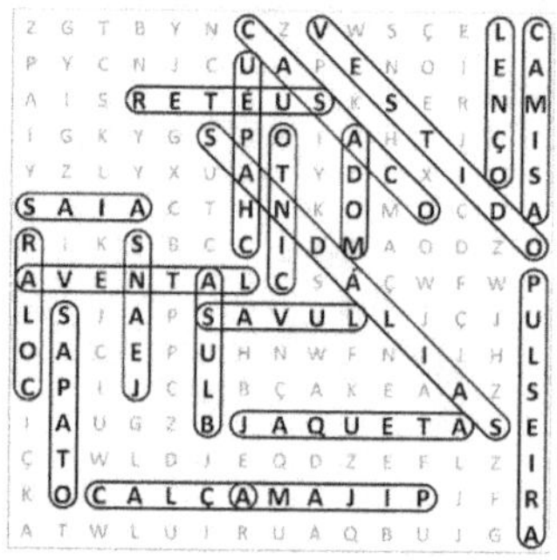

88 - Attività e Tempo Libero

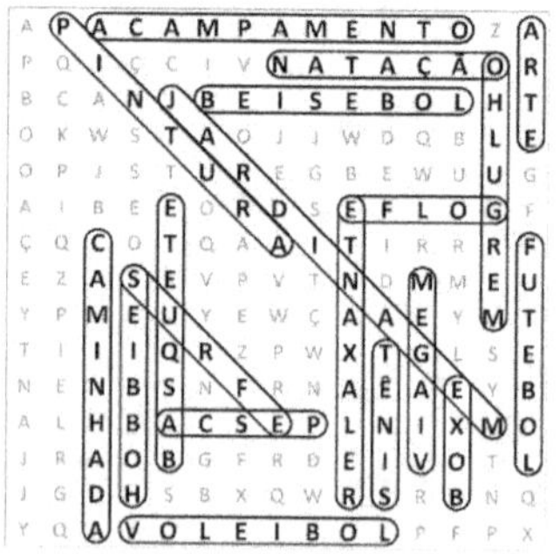

89 - Arte

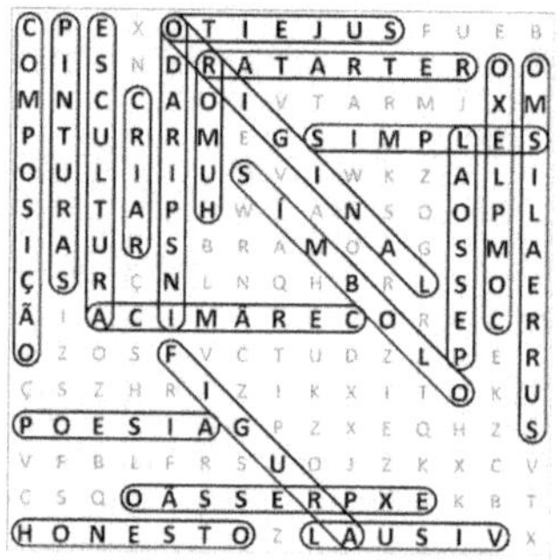

90 - Meteo

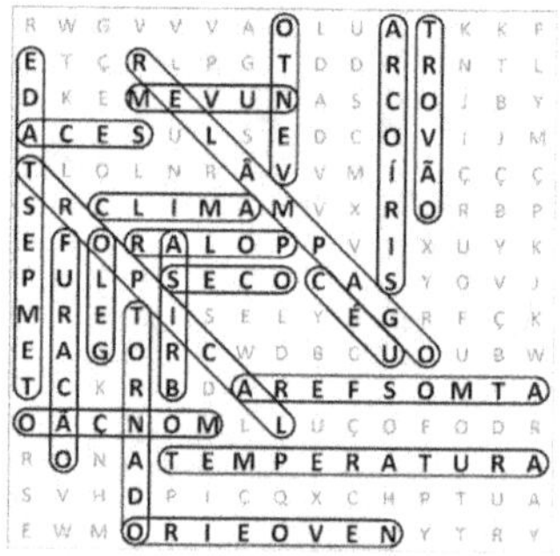

91 - Corpo Umano

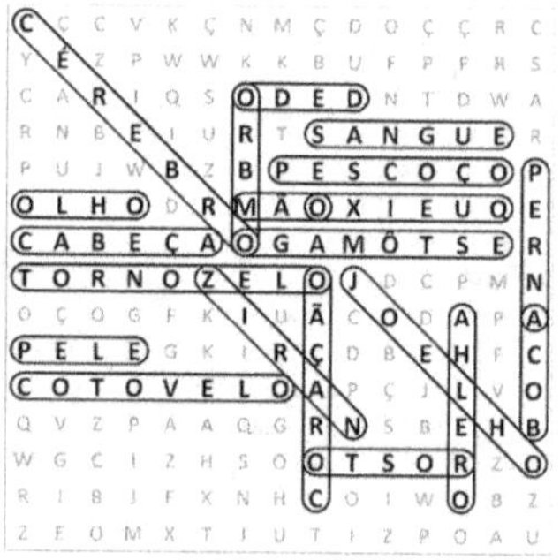

92 - Mammiferi

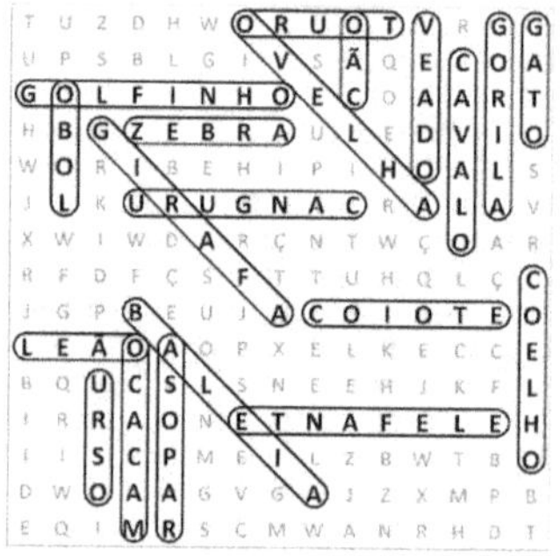

93 - Cucina

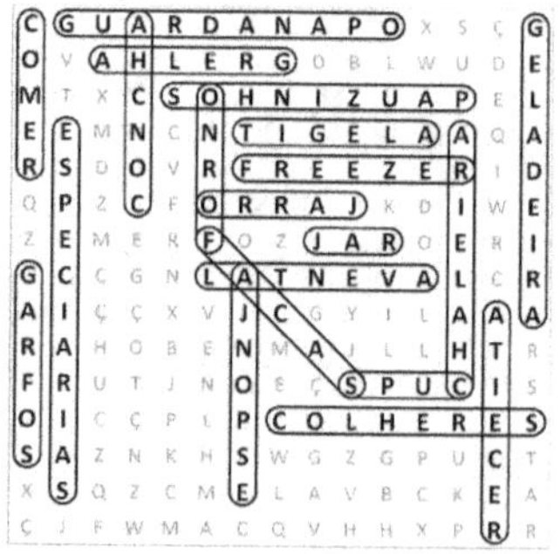

94 - Giardinaggio

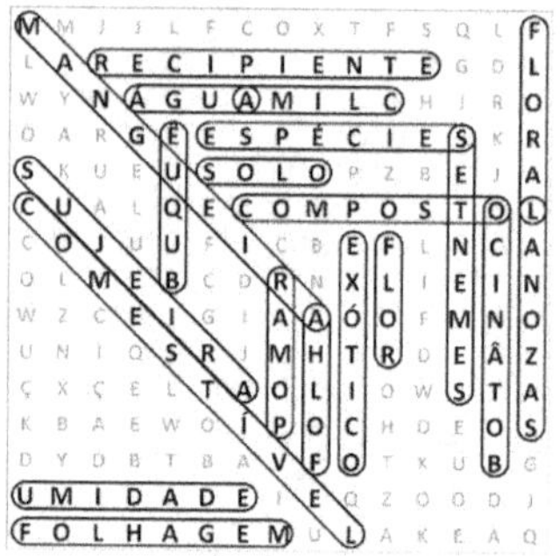

95 - Universo

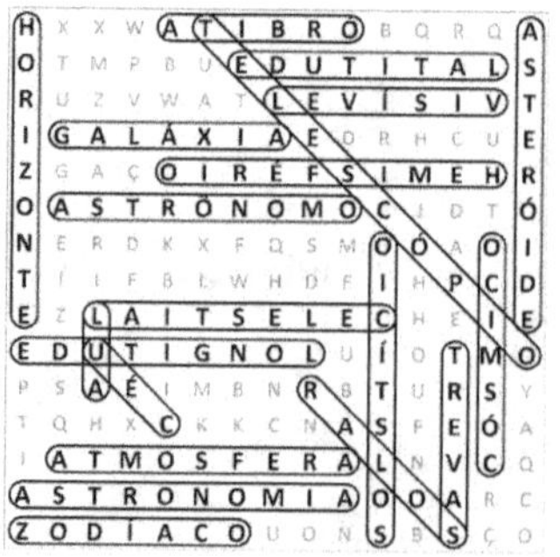

96 - Jazz

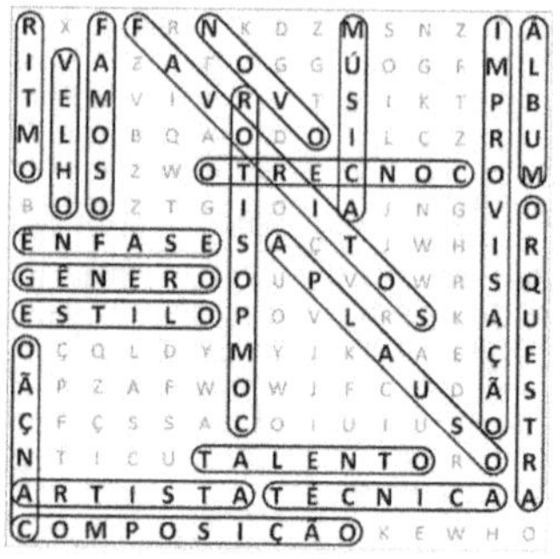

97 - Vacanze #2

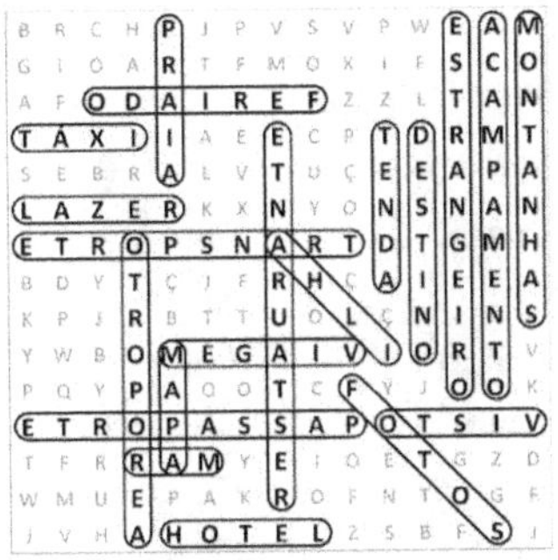

98 - Diplomazia

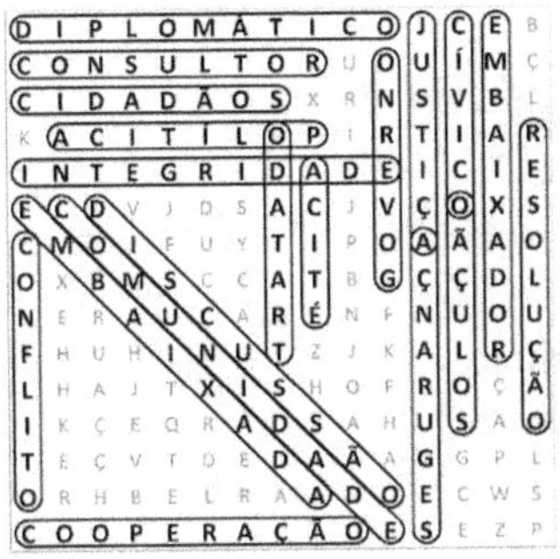

99 - Forniture Artistiche

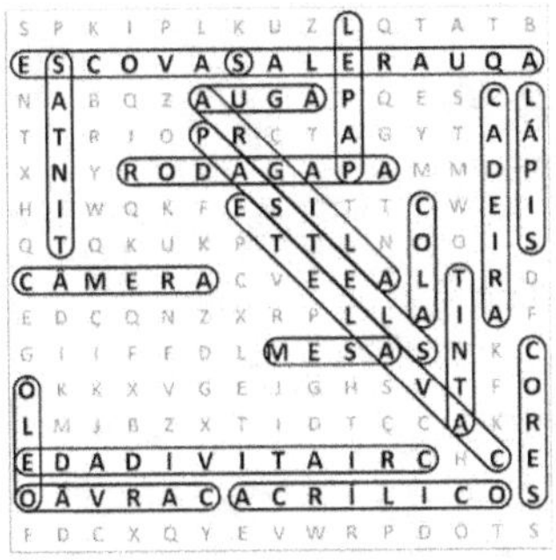

100 - Misurazioni

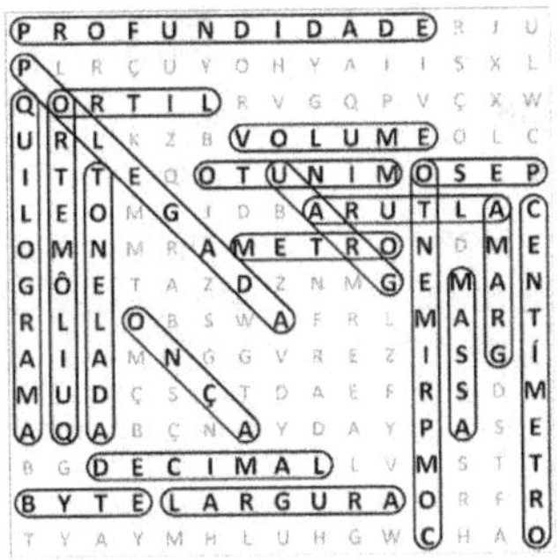

Dizionario

Aeroplani
Aviões

Altezza	Altura
Altitudine	Altitude
Aria	Ar
Atmosfera	Atmosfera
Atterraggio	Aterrissagem
Avventura	Aventura
Carburante	Combustível
Cielo	Céu
Costruzione	Construção
Direzione	Direção
Discesa	Descida
Equipaggio	Tripulação
Idrogeno	Hidrogênio
Motore	Motor
Navigare	Navegar
Palloncino	Balão
Passeggero	Passageiro
Pilota	Piloto
Storia	História
Turbolenza	Turbulência

Aggettivi #1
Adjetivos #1

Ambizioso	Ambicioso
Aromatico	Aromático
Artistico	Artístico
Assoluto	Absoluto
Attivo	Ativo
Enorme	Enorme
Esotico	Exótico
Generoso	Generoso
Giovane	Jovem
Grande	Grande
Identico	Idêntico
Importante	Importante
Lento	Lento
Lungo	Longo
Moderno	Moderno
Onesto	Honesto
Perfetto	Perfeito
Pesante	Pesado
Prezioso	Valioso
Sottile	Fino

Aggettivi #2
Adjetivos #2

Affamato	Faminto
Asciutto	Seco
Autentico	Autêntico
Creativo	Criativo
Descrittivo	Descritivo
Dolce	Doce
Drammatico	Dramático
Elegante	Elegante
Famoso	Famoso
Forte	Forte
Interessante	Interessante
Naturale	Natural
Normale	Normal
Nuovo	Novo
Orgoglioso	Orgulhoso
Produttivo	Produtivo
Puro	Puro
Responsabile	Responsável
Salato	Salgado
Sano	Saudável

Agronomia
Agronomia

Acqua	Água
Agricoltura	Agricultura
Ambiente	Ambiente
Crescita	Crescimento
Ecologia	Ecologia
Energia	Energia
Erosione	Erosão
Fertilizzante	Fertilizante
Identificazione	Identificação
Inquinamento	Poluição
Malattie	Doenças
Organico	Orgânico
Produzione	Produção
Ricerca	Pesquisa
Rurale	Rural
Scienza	Ciência
Semi	Sementes
Sistemi	Sistemas
Studio	Estudo
Suolo	Solo

Algebra
Álgebra

Diagramma	Diagrama
Divisione	Divisão
Equazione	Equação
Esponente	Expoente
Falso	Falso
Fattore	Fator
Formula	Fórmula
Frazione	Fração
Grafico	Gráfico
Infinito	Infinito
Lineare	Linear
Matrice	Matriz
Numero	Número
Parentesi	Parêntese
Problema	Problema
Semplificare	Simplificar
Soluzione	Solução
Sottrazione	Subtração
Variabile	Variável
Zero	Zero

Antartide
Antártica

Acqua	Água
Ambiente	Ambiente
Baia	Baía
Balene	Baleias
Conservazione	Conservação
Continente	Continente
Geografia	Geografia
Ghiacciai	Geleiras
Ghiaccio	Gelo
Isole	Ilhas
Migrazione	Migração
Minerali	Minerais
Nuvole	Nuvens
Penisola	Península
Ricercatore	Investigador
Roccioso	Rochoso
Scientifico	Científico
Spedizione	Expedição
Temperatura	Temperatura
Topografia	Topografia

Antiquariato
Antiguidades

Arte	Arte
Asta	Leilão
Autentico	Autêntico
Condizione	Condição
Decenni	Décadas
Decorativo	Decorativo
Elegante	Elegante
Galleria	Galeria
Insolito	Incomum
Investimento	Investimento
Mobilio	Mobiliário
Monete	Moedas
Prezzo	Preço
Qualità	Qualidade
Restauro	Restauração
Scultura	Escultura
Secolo	Século
Stile	Estilo
Valore	Valor
Vecchio	Velho

Api
Abelhas

Ali	Asas
Alveare	Colmeia
Benefico	Benéfico
Cera	Cera
Diversità	Diversidade
Ecosistema	Ecossistema
Fiori	Flores
Fiorire	Flor
Frutta	Fruta
Fumo	Fumaça
Giardino	Jardim
Habitat	Habitat
Insetto	Inseto
Miele	Mel
Piante	Plantas
Polline	Pólen
Regina	Rainha
Sciame	Enxame
Sole	Sol

Archeologia
Arqueologia

Analisi	Análise
Antichità	Antiguidade
Ceramica	Cerâmica
Civiltà	Civilização
Dimenticato	Esquecido
Discendente	Descendente
Era	Era
Esperto	Especialista
Fossile	Fóssil
Mistero	Mistério
Oggetti	Objetos
Ossa	Ossos
Professore	Professor
Reliquia	Relíquia
Ricercatore	Investigador
Sconosciuto	Desconhecido
Squadra	Equipe
Tempio	Templo
Tomba	Túmulo
Valutazione	Avaliação

Arte
Arte

Ceramica	Cerâmica
Complesso	Complexo
Composizione	Composição
Creare	Criar
Dipinti	Pinturas
Espressione	Expressão
Figura	Figura
Ispirato	Inspirado
Onesto	Honesto
Originale	Original
Personale	Pessoal
Poesia	Poesia
Ritrarre	Retratar
Scultura	Escultura
Semplice	Simples
Simbolo	Símbolo
Soggetto	Sujeito
Surrealismo	Surrealismo
Umore	Humor
Visivo	Visual

Arti Visive
Artes Visuais

Architettura	Arquitetura
Argilla	Argila
Artista	Artista
Capolavoro	Obra-Prima
Carbone	Carvão
Cavalletto	Cavalete
Cera	Cera
Ceramica	Cerâmica
Composizione	Composição
Creatività	Criatividade
Film	Filme
Fotografia	Fotografia
Gesso	Giz
Matita	Lápis
Penna	Caneta
Prospettiva	Perspectiva
Ritratto	Retrato
Scultura	Escultura
Stampino	Estêncil
Vernice	Verniz

Astronomia
Astronomia

Asteroide	Asteróide
Astronauta	Astronauta
Astronomo	Astrônomo
Cielo	Céu
Cosmo	Cosmos
Costellazione	Constelação
Equinozio	Equinócio
Galassia	Galáxia
Gravità	Gravidade
Luna	Lua
Meteora	Meteoro
Nebulosa	Nebulosa
Osservatorio	Observatório
Pianeta	Planeta
Radiazione	Radiação
Razzo	Foguete
Supernova	Supernova
Telescopio	Telescópio
Terra	Terra
Universo	Universo

Attività Commerciale
Negócios

Bilancio	Orçamento
Carriera	Carreira
Costo	Custo
Datore di Lavoro	Empregador
Dipendente	Empregado
Economia	Economia
Fabbrica	Fábrica
Finanza	Finança
Investimento	Investimento
Merce	Mercadoria
Negozio	Loja
Profitto	Lucro
Reddito	Rendimento
Sconto	Desconto
Società	Empresa
Soldi	Dinheiro
Transazione	Transação
Ufficio	Escritório
Valuta	Moeda
Vendita	Venda

Attività e Tempo Libero
Atividades e Lazer

Arte	Arte
Baseball	Beisebol
Basket	Basquete
Boxe	Boxe
Calcio	Futebol
Campeggio	Acampamento
Escursioni	Caminhada
Giardinaggio	Jardinagem
Golf	Golfe
Hobby	Hobbies
Immersione	Mergulho
Nuoto	Natação
Pallavolo	Voleibol
Pesca	Pesca
Pittura	Pintura
Rilassante	Relaxante
Surf	Surfe
Tennis	Tênis
Viaggio	Viagem

Avventura
Aventura

Amici	Amigos
Attività	Atividade
Bellezza	Beleza
Coraggio	Bravura
Destinazione	Destino
Difficoltà	Dificuldade
Entusiasmo	Entusiasmo
Escursione	Excursão
Gioia	Alegria
Insolito	Incomum
Itinerario	Itinerário
Natura	Natureza
Navigazione	Navegação
Nuovo	Novo
Opportunità	Oportunidade
Pericoloso	Perigoso
Preparazione	Preparação
Sfide	Desafios
Sicurezza	Segurança
Viaggi	Viagens

Balletto
Balé

Abilità	Habilidade
Applauso	Aplauso
Artistico	Artístico
Ballerina	Bailarina
Ballerini	Dançarinos
Compositore	Compositor
Coreografia	Coreografia
Espressivo	Expressivo
Gesto	Gesto
Grazioso	Gracioso
Intensità	Intensidade
Muscoli	Músculos
Musica	Música
Orchestra	Orquestra
Pratica	Prática
Prova	Ensaio
Pubblico	Público
Ritmo	Ritmo
Stile	Estilo
Tecnica	Técnica

Barbecue
Churrascos

Caldo	Quente
Cena	Jantar
Cipolle	Cebolas
Coltelli	Facas
Estate	Verão
Fame	Fome
Famiglia	Família
Frutta	Fruta
Giochi	Jogos
Griglia	Grelha
Insalate	Saladas
Invito	Convite
Musica	Música
Pepe	Pimenta
Pollo	Frango
Pomodori	Tomates
Pranzo	Almoço
Sale	Sal
Salsa	Molho
Verdure	Legumes

Bellezza
Beleza

Colore	Cor
Cosmetici	Cosméticos
Elegante	Elegante
Eleganza	Elegância
Fascino	Charme
Forbici	Tesoura
Fotogenico	Fotogênico
Fragranza	Fragrância
Grazia	Graça
Liscio	Suave
Mascara	Rímel
Oli	Óleos
Pelle	Pele
Prodotti	Produtos
Riccioli	Cachos
Rossetto	Batom
Servizi	Serviços
Shampoo	Xampu
Specchio	Espelho
Stilista	Estilista

Biologia
Biologia

Anatomia	Anatomia
Batteri	Bactérias
Cellula	Célula
Collagene	Colagénio
Cromosoma	Cromossoma
Embrione	Embrião
Enzima	Enzima
Evoluzione	Evolução
Fotosintesi	Fotossíntese
Mammifero	Mamífero
Mutazione	Mutação
Naturale	Natural
Nervo	Nervo
Neurone	Neurônio
Ormone	Hormona
Osmosi	Osmose
Proteina	Proteína
Rettile	Réptil
Simbiosi	Simbiose
Sinapsi	Sinapse

Campeggio
Acampamento

Alberi	Árvores
Amaca	Maca
Animali	Animais
Attrezzatura	Equipamento
Avventura	Aventura
Bussola	Bússola
Cabina	Cabine
Caccia	Caça
Canoa	Canoa
Cappello	Chapéu
Corda	Corda
Foresta	Floresta
Fuoco	Fogo
Insetto	Inseto
Lago	Lago
Luna	Lua
Mappa	Mapa
Montagna	Montanha
Natura	Natureza
Tenda	Tenda

Casa
Casa

Attico	Sótão
Biblioteca	Biblioteca
Camera	Quarto
Camino	Lareira
Chiavi	Chaves
Cucina	Cozinha
Doccia	Chuveiro
Finestra	Janela
Garage	Garagem
Giardino	Jardim
Parete	Parede
Pavimento	Piso
Porta	Porta
Recinto	Cerca
Rubinetto	Torneira
Scopa	Vassoura
Soffitto	Teto
Specchio	Espelho
Tappeto	Tapete
Tetto	Telhado

Chimica
Química

Acido	Ácido
Alcalino	Alcalino
Atomico	Atómico
Calore	Calor
Carbonio	Carbono
Catalizzatore	Catalisador
Cloro	Cloro
Elettrone	Elétron
Enzima	Enzima
Gas	Gás
Idrogeno	Hidrogênio
Ione	Íon
Liquido	Líquido
Molecola	Molécula
Nucleare	Nuclear
Organico	Orgânico
Ossigeno	Oxigénio
Peso	Peso
Sale	Sal
Temperatura	Temperatura

Cibo #1
Comida #1

Aglio	Alho
Basilico	Manjericão
Cannella	Canela
Carne	Carne
Carota	Cenoura
Cipolla	Cebola
Fragola	Morango
Insalata	Salada
Latte	Leite
Limone	Limão
Menta	Menta
Orzo	Cevada
Pera	Pera
Rapa	Nabo
Sale	Sal
Spinaci	Espinafre
Succo	Suco
Tonno	Atum
Torta	Bolo
Zucchero	Açúcar

Cibo #2
Comida # 2

Banana	Banana
Broccolo	Brócolis
Ciliegia	Cereja
Cioccolato	Chocolate
Formaggio	Queijo
Fungo	Cogumelo
Grano	Trigo
Kiwi	Kiwi
Mela	Maçã
Melanzana	Beringela
Pane	Pão
Pesce	Peixe
Pollo	Frango
Pomodoro	Tomate
Prosciutto	Presunto
Riso	Arroz
Sedano	Aipo
Uovo	Ovo
Uva	Uva
Yogurt	Iogurte

Cioccolato
Chocolate

Amaro	Amargo
Antiossidante	Antioxidante
Arachidi	Amendoins
Aroma	Aroma
Artigianale	Artesanal
Cacao	Cacau
Calorie	Calorias
Caramello	Caramelo
Delizioso	Delicioso
Dolce	Doce
Esotico	Exótico
Gusto	Gosto
Ingrediente	Ingrediente
Mangiare	Comer
Noce di Cocco	Coco
Polvere	Pó
Preferito	Favorito
Qualità	Qualidade
Ricetta	Receita
Zucchero	Açúcar

Città
Cidade

Aeroporto	Aeroporto
Banca	Banco
Biblioteca	Biblioteca
Cinema	Cinema
Clinica	Clínica
Farmacia	Farmácia
Fiorista	Florista
Galleria	Galeria
Hotel	Hotel
Libreria	Livraria
Mercato	Mercado
Museo	Museu
Negozio	Loja
Panetteria	Padaria
Ristorante	Restaurante
Scuola	Escola
Stadio	Estádio
Supermercato	Supermercado
Teatro	Teatro
Università	Universidade

Corpo Umano
Corpo Humano

Bocca	Boca
Caviglia	Tornozelo
Cervello	Cérebro
Collo	Pescoço
Cuore	Coração
Dito	Dedo
Faccia	Rosto
Gamba	Perna
Ginocchio	Joelho
Gomito	Cotovelo
Mano	Mão
Mento	Queixo
Naso	Nariz
Occhio	Olho
Orecchio	Orelha
Pelle	Pele
Sangue	Sangue
Spalla	Ombro
Stomaco	Estômago
Testa	Cabeça

Creatività
Criatividade

Abilità	Habilidade
Artistico	Artístico
Autenticità	Autenticidade
Chiarezza	Clareza
Drammatico	Dramático
Emozioni	Emoções
Espressione	Expressão
Fluidità	Fluidez
Immaginazione	Imaginação
Immagine	Imagem
Impressione	Impressão
Intensità	Intensidade
Intuizione	Intuição
Inventivo	Inventivo
Ispirazione	Inspiração
Sensazione	Sensação
Sentimenti	Sentimentos
Spontaneo	Espontânea
Visioni	Visões
Vitalità	Vitalidade

Cucina
Cozinha

Bacchette	Pauzinhos
Bollitore	Chaleira
Brocca	Jarro
Ciotola	Tigela
Coltelli	Facas
Congelatore	Freezer
Cucchiai	Colheres
Forchette	Garfos
Forno	Forno
Frigorifero	Geladeira
Grembiule	Avental
Griglia	Grelha
Mangiare	Comer
Mestolo	Concha
Ricetta	Receita
Spezie	Especiarias
Spugna	Esponja
Tazze	Cups
Tovagliolo	Guardanapo
Vaso	Jar

Danza
Dança

Accademia	Academia
Arte	Arte
Classico	Clássico
Compagno	Parceiro
Coreografia	Coreografia
Corpo	Corpo
Cultura	Cultura
Culturale	Cultural
Emozione	Emoção
Espressivo	Expressivo
Gioioso	Alegre
Grazia	Graça
Movimento	Movimento
Musica	Música
Postura	Postura
Prova	Ensaio
Ritmo	Ritmo
Salto	Saltar
Tradizionale	Tradicional
Visivo	Visual

Diplomazia
Diplomacia

Ambasciata	Embaixada
Ambasciatore	Embaixador
Cittadini	Cidadãos
Civico	Cívico
Comunità	Comunidade
Conflitto	Conflito
Consigliere	Consultor
Cooperazione	Cooperação
Diplomatico	Diplomático
Discussione	Discussão
Etica	Ética
Giustizia	Justiça
Governo	Governo
Integrità	Integridade
Politica	Política
Risoluzione	Resolução
Sicurezza	Segurança
Soluzione	Solução
Trattato	Tratado
Umanitario	Humanitário

Discipline Scientifiche
Disciplinas Científicas

Anatomia	Anatomia
Archeologia	Arqueologia
Astronomia	Astronomia
Biochimica	Bioquímica
Biologia	Biologia
Botanica	Botânica
Chimica	Química
Ecologia	Ecologia
Fisiologia	Fisiologia
Geologia	Geologia
Immunologia	Imunologia
Linguistica	Linguística
Meccanica	Mecânica
Meteorologia	Meteorologia
Mineralogia	Mineralogia
Neurologia	Neurologia
Psicologia	Psicologia
Sociologia	Sociologia
Termodinamica	Termodinâmica
Zoologia	Zoologia

Ecologia
Ecologia

Clima	Clima
Comunità	Comunidades
Diversità	Diversidade
Fauna	Fauna
Flora	Flora
Globale	Global
Habitat	Habitat
Marino	Marinho
Natura	Natureza
Naturale	Natural
Palude	Pântano
Piante	Plantas
Risorse	Recursos
Siccità	Seca
Sopravvivenza	Sobrevivência
Sostenibile	Sustentável
Specie	Espécies
Varietà	Variedade
Vegetazione	Vegetação
Volontari	Voluntários

Edifici
Edifícios

Ambasciata	Embaixada
Appartamento	Apartamento
Cabina	Cabine
Castello	Castelo
Cinema	Cinema
Fabbrica	Fábrica
Fienile	Celeiro
Hotel	Hotel
Laboratorio	Laboratório
Museo	Museu
Ospedale	Hospital
Osservatorio	Observatório
Ostello	Albergue
Scuola	Escola
Stadio	Estádio
Supermercato	Supermercado
Teatro	Teatro
Tenda	Tenda
Torre	Torre
Università	Universidade

Energia
Energia

Ambiente	Ambiente
Batteria	Bateria
Benzina	Gasolina
Calore	Calor
Carbonio	Carbono
Carburante	Combustível
Diesel	Diesel
Elettrico	Elétrico
Elettrone	Elétron
Entropia	Entropia
Fotone	Fóton
Idrogeno	Hidrogênio
Industria	Indústria
Inquinamento	Poluição
Motore	Motor
Nucleare	Nuclear
Rinnovabile	Renovável
Turbina	Turbina
Vapore	Vapor
Vento	Vento

Erboristeria
Herbalismo

Aglio	Alho
Aneto	Endro
Aromatico	Aromático
Basilico	Manjericão
Culinario	Culinário
Dragoncello	Estragão
Finocchio	Funcho
Fiore	Flor
Giardino	Jardim
Ingrediente	Ingrediente
Lavanda	Lavanda
Maggiorana	Manjerona
Menta	Menta
Origano	Orégano
Prezzemolo	Salsa
Qualità	Qualidade
Rosmarino	Alecrim
Timo	Tomilho
Verde	Verde
Zafferano	Açafrão

Escursionismo
Caminhada

Acqua	Água
Animali	Animais
Campeggio	Acampamento
Clima	Clima
Guide	Guias
Mappa	Mapa
Montagna	Montanha
Natura	Natureza
Orientamento	Orientação
Parchi	Parques
Pericoli	Perigos
Pesante	Pesado
Pietre	Pedras
Preparazione	Preparação
Scogliera	Penhasco
Selvaggio	Selvagem
Sole	Sol
Stanco	Cansado
Stivali	Botas
Vertice	Cume

Etica
Ética

Altruismo	Altruísmo
Benevolo	Benevolente
Compassione	Compaixão
Cooperazione	Cooperação
Dignità	Dignidade
Diplomatico	Diplomático
Filosofia	Filosofia
Gentilezza	Bondade
Integrità	Integridade
Onestà	Honestidade
Ottimismo	Otimismo
Pazienza	Paciência
Ragionevole	Razoável
Razionalità	Racionalidade
Realismo	Realismo
Rispettoso	Respeitoso
Saggezza	Sabedoria
Tolleranza	Tolerância
Umanità	Humanidade
Valori	Valores

Famiglia
Família

Antenato	Antepassado
Bambini	Crianças
Bambino	Criança
Cugino	Primo
Figlia	Filha
Fratello	Irmão
Infanzia	Infância
Madre	Mãe
Marito	Marido
Materno	Materno
Moglie	Esposa
Nipote	Sobrinho
Nipote	Neto
Nonna	Avó
Nonno	Avô
Padre	Pai
Paterno	Paterno
Sorella	Irmã
Zia	Tia
Zio	Tio

Fantascienza
Ficção Científica

Atomico	Atómico
Cinema	Cinema
Distopia	Distopia
Esplosione	Explosão
Estremo	Extremo
Fantastico	Fantástico
Fuoco	Fogo
Futuristico	Futurista
Galassia	Galáxia
Illusione	Ilusão
Immaginario	Imaginário
Libri	Livros
Misterioso	Misterioso
Mondo	Mundo
Oracolo	Oráculo
Pianeta	Planeta
Realistico	Realista
Robot	Robôs
Tecnologia	Tecnologia
Utopia	Utopia

Fattoria #1
Fazenda #1

Acqua	Água
Agricoltura	Agricultura
Ape	Abelha
Asino	Burro
Campo	Campo
Cane	Cão
Capra	Cabra
Cavallo	Cavalo
Fertilizzante	Fertilizante
Fieno	Feno
Gatto	Gato
Gregge	Rebanho
Maiale	Porco
Miele	Mel
Mucca	Vaca
Pollo	Frango
Recinto	Cerca
Riso	Arroz
Semi	Sementes
Vitello	Bezerro

Fattoria #2
Fazenda #2

Agnello	Cordeiro
Agricoltore	Agricultor
Alveare	Colmeia
Anatra	Pato
Animali	Animais
Fienile	Celeiro
Frutta	Fruta
Frutteto	Pomar
Grano	Trigo
Irrigazione	Irrigação
Lama	Lhama
Latte	Leite
Mais	Milho
Maturo	Maduro
Oche	Ganso
Orzo	Cevada
Pastore	Pastor
Pecora	Ovelha
Prato	Prado
Trattore	Trator

Filantropia
Filantropia

Bambini	Crianças
Bisogno	Necessidade
Carità	Caridade
Comunità	Comunidade
Contatti	Contatos
Finanza	Finança
Fondi	Fundos
Generosità	Generosidade
Gioventù	Juventude
Globale	Global
Gruppi	Grupos
Missione	Missão
Obiettivi	Objetivos
Onestà	Honestidade
Persone	Pessoas
Programmi	Programas
Pubblico	Público
Sfide	Desafios
Storia	História
Umanità	Humanidade

Fiori
Flores

Dente di Leone	Dente-De-Leão
Gardenia	Gardênia
Gelsomino	Jasmim
Giglio	Lírio
Girasole	Girassol
Ibisco	Hibisco
Lavanda	Lavanda
Lilla	Lilás
Magnolia	Magnólia
Margherita	Margarida
Mazzo	Buquê
Narciso	Narciso
Orchidea	Orquídea
Papavero	Papoula
Peonia	Peônia
Petalo	Pétala
Plumeria	Plumeria
Rosa	Rosa
Trifoglio	Trevo
Tulipano	Tulipa

Fisica
Física

Accelerazione	Aceleração
Atomo	Átomo
Caos	Caos
Chimico	Químico
Densità	Densidade
Elettrone	Elétron
Espansione	Expansão
Formula	Fórmula
Frequenza	Frequência
Gas	Gás
Gravità	Gravidade
Magnetismo	Magnetismo
Meccanica	Mecânica
Molecola	Molécula
Motore	Motor
Nucleare	Nuclear
Particella	Partícula
Relatività	Relatividade
Universale	Universal
Velocità	Velocidade

Foresta Pluviale
Floresta Tropical

Anfibi	Anfíbios
Botanico	Botânico
Clima	Clima
Comunità	Comunidade
Diversità	Diversidade
Giungla	Selva
Indigeno	Indígena
Insetti	Insetos
Mammiferi	Mamíferos
Muschio	Musgo
Natura	Natureza
Nuvole	Nuvens
Preservazione	Preservação
Prezioso	Valioso
Restauro	Restauração
Rifugio	Refúgio
Rispetto	Respeito
Sopravvivenza	Sobrevivência
Specie	Espécies
Uccelli	Pássaros

Forniture Artistiche
Material de Arte

Acqua	Água
Acquerelli	Aquarelas
Acrilico	Acrílico
Argilla	Argila
Carbone	Carvão
Carta	Papel
Cavalletto	Cavalete
Colla	Cola
Colori	Cores
Creatività	Criatividade
Gomma	Apagador
Inchiostro	Tinta
Matite	Lápis
Olio	Óleo
Pastelli	Pastels
Sedia	Cadeira
Spazzole	Escovas
Tavolo	Mesa
Telecamera	Câmera
Vernici	Tintas

Forza e Gravità
Força e Gravidade

Asse	Eixo
Attrito	Atrito
Centro	Centro
Dinamico	Dinâmico
Distanza	Distância
Espansione	Expansão
Fisica	Física
Impatto	Impacto
Magnetismo	Magnetismo
Meccanica	Mecânica
Movimento	Movimento
Orbita	Órbita
Peso	Peso
Pianeti	Planetas
Pressione	Pressão
Proprietà	Propriedades
Scoperta	Descoberta
Tempo	Tempo
Universale	Universal
Velocità	Rapidez

Frutta
Frutas

Albicocca	Damasco
Ananas	Abacaxi
Arancia	Laranja
Avocado	Abacate
Bacca	Baga
Banana	Banana
Ciliegia	Cereja
Kiwi	Kiwi
Lampone	Framboesa
Limone	Limão
Mango	Manga
Mela	Maçã
Melone	Melão
Mora	Amora
Nettarina	Nectarina
Papaia	Mamão
Pera	Pera
Pesca	Pêssego
Prugna	Ameixa
Uva	Uva

Geografia
Geografia

Altitudine	Altitude
Atlante	Atlas
Città	Cidade
Continente	Continente
Emisfero	Hemisfério
Fiume	Rio
Isola	Ilha
Latitudine	Latitude
Longitudine	Longitude
Mappa	Mapa
Mare	Mar
Meridiano	Meridiano
Mondo	Mundo
Montagna	Montanha
Nord	Norte
Ovest	Oeste
Paese	País
Regione	Região
Sud	Sul
Territorio	Território

Geologia
Geologia

Acido	Ácido
Altopiano	Platô
Calcio	Cálcio
Caverna	Caverna
Continente	Continente
Corallo	Coral
Cristalli	Cristais
Erosione	Erosão
Fossile	Fóssil
Geyser	Geyser
Lava	Lava
Minerali	Minerais
Pietra	Pedra
Quarzo	Quartzo
Sale	Sal
Stalagmiti	Estalagmites
Stalattite	Estalactite
Strato	Camada
Terremoto	Terremoto
Vulcano	Vulcão

Geometria
Geometria

Altezza	Altura
Angolo	Ângulo
Calcolo	Cálculo
Cerchio	Círculo
Curva	Curva
Diametro	Diâmetro
Dimensione	Dimensão
Equazione	Equação
Logica	Lógica
Mediano	Mediana
Numero	Número
Orizzontale	Horizontal
Parallelo	Paralelo
Proporzione	Proporção
Segmento	Segmento
Simmetria	Simetria
Superficie	Superfície
Teoria	Teoria
Triangolo	Triângulo
Verticale	Vertical

Giardinaggio
Jardinagem

Acqua	Água
Botanico	Botânico
Clima	Clima
Commestibile	Comestível
Compost	Composto
Contenitore	Recipiente
Esotico	Exótico
Fiorire	Flor
Floreale	Floral
Foglia	Folha
Fogliame	Folhagem
Frutteto	Pomar
Mazzo	Buquê
Semi	Sementes
Specie	Espécies
Sporco	Sujeira
Stagionale	Sazonal
Suolo	Solo
Tubo	Mangueira
Umidità	Umidade

Giardino
Jardim

Albero	Árvore
Amaca	Maca
Cespuglio	Arbusto
Erba	Grama
Fiore	Flor
Frutteto	Pomar
Garage	Garagem
Giardino	Jardim
Pala	Pá
Panca	Banco
Portico	Varanda
Prato	Gramado
Rastrello	Ancinho
Recinto	Cerca
Stagno	Lagoa
Suolo	Solo
Terrazza	Terraço
Trampolino	Trampolim
Tubo	Mangueira
Vite	Videira

Giorni e Mesi
Dias e Meses

Agosto	Agosto
Anno	Ano
Aprile	Abril
Calendario	Calendário
Dicembre	Dezembro
Domenica	Domingo
Febbraio	Fevereiro
Gennaio	Janeiro
Giugno	Junho
Luglio	Julho
Lunedì	Segunda-Feira
Martedì	Terça
Mercoledì	Quarta-Feira
Mese	Mês
Novembre	Novembro
Ottobre	Outubro
Sabato	Sábado
Settembre	Setembro
Settimana	Semana
Venerdì	Sexta-Feira

Governo
Governo

Capo	Líder
Cittadinanza	Cidadania
Civile	Civil
Costituzione	Constituição
Democrazia	Democracia
Discorso	Discurso
Discussione	Discussão
Giudiziario	Judicial
Giustizia	Justiça
Indipendenza	Independência
Legge	Lei
Libertà	Liberdade
Monumento	Monumento
Nazionale	Nacional
Nazione	Nação
Politica	Política
Quartiere	Distrito
Simbolo	Símbolo
Stato	Estado
Uguaglianza	Igualdade

Guida
Dirigindo

Auto	Carro
Autobus	Ônibus
Carburante	Combustível
Freni	Freios
Garage	Garagem
Gas	Gás
Incidente	Acidente
Licenza	Licença
Mappa	Mapa
Moto	Motocicleta
Motore	Motor
Pedonale	Pedestre
Pericolo	Perigo
Polizia	Polícia
Sicurezza	Segurança
Strada	Estrada
Traffico	Tráfego
Trasporto	Transporte
Tunnel	Túnel
Velocità	Rapidez

I Media
A Mídia

Atteggiamenti	Atitudes
Commerciale	Comercial
Comunicazione	Comunicação
Digitale	Digital
Edizione	Edição
Educazione	Educação
Fatti	Fatos
Finanziamento	Financiamento
Foto	Fotos
Giornali	Jornais
Individuale	Individual
Industria	Indústria
Intellettuale	Intelectual
Locale	Local
Online	Online
Opinione	Opinião
Pubblico	Público
Radio	Rádio
Rete	Rede
Televisione	Televisão

Imbarcazioni
Barcos

Albero	Mastro
Ancora	Âncora
Barca a Vela	Veleiro
Boa	Bóia
Canoa	Canoa
Corda	Corda
Equipaggio	Tripulação
Fiume	Rio
Kayak	Caiaque
Lago	Lago
Mare	Mar
Marea	Maré
Marinaio	Marinheiro
Motore	Motor
Nautico	Náutico
Oceano	Oceano
Onde	Ondas
Traghetto	Balsa
Yacht	Iate
Zattera	Jangada

Immigrazione
Imigração

Adulti	Adultos
Aiuto	Ajuda
Alloggio	Habitação
Amministrazione	Administração
Approvazione	Aprovação
Bambini	Crianças
Comunicazione	Comunicação
Documenti	Documentos
Finanziamento	Financiamento
Frontiere	Fronteiras
Legge	Lei
Lingua	Língua
Processo	Processo
Protezione	Proteção
Scadenza	Prazo
Situazione	Situação
Soluzione	Solução
Stress	Estresse
Trattativa	Negociação
Ufficiale	Oficial

Ingegneria
Engenharia

Angolo	Ângulo
Asse	Eixo
Calcolo	Cálculo
Costruzione	Construção
Diagramma	Diagrama
Diametro	Diâmetro
Diesel	Diesel
Distribuzione	Distribuição
Energia	Energia
Forza	Força
Ingranaggi	Engrenagens
Liquido	Líquido
Macchina	Máquina
Misurazione	Medição
Motore	Motor
Profondità	Profundidade
Propulsione	Propulsão
Rotazione	Rotação
Stabilità	Estabilidade
Struttura	Estrutura

Jazz
Jazz

Album	Álbum
Applauso	Aplauso
Artista	Artista
Canzone	Canção
Compositore	Compositor
Composizione	Composição
Concerto	Concerto
Enfasi	Ênfase
Famoso	Famoso
Genere	Gênero
Improvvisazione	Improvisação
Musica	Música
Nuovo	Novo
Orchestra	Orquestra
Preferiti	Favoritos
Ritmo	Ritmo
Stile	Estilo
Talento	Talento
Tecnica	Técnica
Vecchio	Velho

Letteratura
Literatura

Analisi	Análise
Analogia	Analogia
Aneddoto	Anedota
Autore	Autor
Biografia	Biografia
Conclusione	Conclusão
Confronto	Comparação
Descrizione	Descrição
Dialogo	Diálogo
Genere	Gênero
Metafora	Metáfora
Opinione	Opinião
Poesia	Poema
Poetico	Poético
Rima	Rima
Ritmo	Ritmo
Romanzo	Romance
Stile	Estilo
Tema	Tema
Tragedia	Tragédia

Libri
Livros

Autore	Autor
Avventura	Aventura
Collezione	Coleção
Contesto	Contexto
Dualità	Dualidade
Epico	Épico
Inventivo	Inventivo
Letterario	Literário
Lettore	Leitor
Narratore	Narrador
Pagina	Página
Poesia	Poesia
Rilevante	Relevante
Romanzo	Romance
Scritto	Escrito
Serie	Série
Storia	História
Storico	Histórico
Tragico	Trágico
Umoristico	Humorado

Malattia
Doença

Acuto	Agudo
Addominale	Abdominal
Allergie	Alergias
Batterico	Bacteriano
Contagioso	Contagioso
Corpo	Corpo
Cronico	Crônica
Cuore	Coração
Debole	Fraco
Ereditario	Hereditário
Genetico	Genético
Immunità	Imunidade
Infiammazione	Inflamação
Lombare	Lombar
Neuropatia	Neuropatia
Polmonare	Pulmonar
Respiratorio	Respiratório
Salute	Saúde
Sindrome	Síndrome
Terapia	Terapia

Mammiferi
Mamíferos

Balena	Baleia
Cane	Cão
Canguro	Canguru
Cavallo	Cavalo
Cervo	Veado
Coniglio	Coelho
Coyote	Coiote
Delfino	Golfinho
Elefante	Elefante
Gatto	Gato
Giraffa	Girafa
Gorilla	Gorila
Leone	Leão
Lupo	Lobo
Orso	Urso
Pecora	Ovelha
Scimmia	Macaco
Toro	Touro
Volpe	Raposa
Zebra	Zebra

Matematica
Matemática

Angoli	Ângulos
Aritmetica	Aritmética
Decimale	Decimal
Diametro	Diâmetro
Divisione	Divisão
Equazione	Equação
Esponente	Expoente
Frazione	Fração
Geometria	Geometria
Parallelo	Paralelo
Parallelogramma	Paralelogramo
Perimetro	Perímetro
Poligono	Polígono
Quadrato	Quadrado
Raggio	Raio
Rettangolo	Retângulo
Simmetria	Simetria
Somma	Soma
Triangolo	Triângulo
Volume	Volume

Meditazione
Meditação

Accettazione	Aceitação
Attenzione	Atenção
Calma	Calmo
Chiarezza	Clareza
Compassione	Compaixão
Emozioni	Emoções
Gentilezza	Bondade
Gratitudine	Gratidão
Mentale	Mental
Mente	Mente
Movimento	Movimento
Musica	Música
Natura	Natureza
Osservazione	Observação
Pace	Paz
Pensieri	Pensamentos
Postura	Postura
Prospettiva	Perspectiva
Respirazione	Respirando
Silenzio	Silêncio

Meteo
Clima

Arcobaleno	Arco-Íris
Asciutto	Seco
Atmosfera	Atmosfera
Brezza	Brisa
Cielo	Céu
Clima	Clima
Fulmine	Relâmpago
Ghiaccio	Gelo
Monsone	Monção
Nebbia	Nevoeiro
Nube	Nuvem
Polare	Polar
Siccità	Seca
Temperatura	Temperatura
Tempesta	Tempestade
Tornado	Tornado
Tropicale	Tropical
Tuono	Trovão
Uragano	Furacão
Vento	Vento

Misurazioni
Medições

Altezza	Altura
Byte	Byte
Centimetro	Centímetro
Chilogrammo	Quilograma
Chilometro	Quilômetro
Decimale	Decimal
Grado	Grau
Grammo	Grama
Larghezza	Largura
Litro	Litro
Lunghezza	Comprimento
Massa	Massa
Metro	Metro
Minuto	Minuto
Oncia	Onça
Peso	Peso
Pollice	Polegada
Profondità	Profundidade
Tonnellata	Tonelada
Volume	Volume

Mitologia
Mitologia

Archetipo	Arquétipo
Comportamento	Comportamento
Creatura	Criatura
Creazione	Criação
Credenze	Crenças
Cultura	Cultura
Disastro	Desastre
Eroe	Herói
Forza	Força
Fulmine	Relâmpago
Gelosia	Ciúmes
Guerriero	Guerreiro
Immortalità	Imortalidade
Labirinto	Labirinto
Leggenda	Lenda
Magico	Mágico
Mortale	Mortal
Mostro	Monstro
Tuono	Trovão
Vendetta	Vingança

Musica
Música

Album	Álbum
Armonia	Harmonia
Armonico	Harmônico
Ballata	Balada
Cantante	Cantor
Cantare	Cantar
Classico	Clássico
Coro	Coro
Lirico	Lírico
Melodia	Melodia
Microfono	Microfone
Musicale	Musical
Musicista	Músico
Opera	Ópera
Poetico	Poético
Registrazione	Gravação
Ritmico	Rítmico
Ritmo	Ritmo
Strumento	Instrumento
Vocale	Vocal

Natura
Natureza

Animali	Animais
Api	Abelhas
Artico	Ártico
Bellezza	Beleza
Deserto	Deserto
Dinamico	Dinâmico
Erosione	Erosão
Fiume	Rio
Fogliame	Folhagem
Foresta	Floresta
Ghiacciaio	Geleira
Montagne	Montanhas
Nebbia	Nevoeiro
Nuvole	Nuvens
Rifugio	Abrigo
Santuario	Santuário
Selvaggio	Selvagem
Sereno	Sereno
Tropicale	Tropical
Vitale	Vital

Numeri
Números

Cinque	Cinco
Decimale	Decimal
Diciannove	Dezenove
Diciassette	Dezessete
Diciotto	Dezoito
Dieci	Dez
Dodici	Doze
Due	Dois
Nove	Nove
Otto	Oito
Quattordici	Quatorze
Quattro	Quatro
Quindici	Quinze
Sedici	Dezesseis
Sei	Seis
Sette	Sete
Tre	Três
Tredici	Treze
Venti	Vinte
Zero	Zero

Nutrizione
Nutrição

Amaro	Amargo
Appetito	Apetite
Bilanciato	Equilibrado
Calorie	Calorias
Carboidrati	Carboidratos
Commestibile	Comestível
Dieta	Dieta
Digestione	Digestão
Fermentazione	Fermentação
Liquidi	Líquidos
Nutriente	Nutriente
Peso	Peso
Proteine	Proteínas
Qualità	Qualidade
Salsa	Molho
Salute	Saúde
Sano	Saudável
Spezie	Especiarias
Tossina	Toxina
Vitamina	Vitamina

Oceano
Oceano

Anguilla	Enguia
Balena	Baleia
Barca	Barco
Corallo	Coral
Delfino	Golfinho
Gamberetto	Camarão
Granchio	Caranguejo
Maree	Marés
Medusa	Medusa
Onde	Ondas
Ostrica	Ostra
Pesce	Peixe
Polpo	Polvo
Sale	Sal
Scogliera	Recife
Spugna	Esponja
Squalo	Tubarão
Tartaruga	Tartaruga
Tempesta	Tempestade
Tonno	Atum

Paesaggi
Paisagens

Cascata	Cascata
Collina	Colina
Deserto	Deserto
Fiume	Rio
Geyser	Geyser
Ghiacciaio	Geleira
Grotta	Caverna
Iceberg	Iceberg
Isola	Ilha
Lago	Lago
Mare	Mar
Montagna	Montanha
Oasi	Oásis
Oceano	Oceano
Palude	Pântano
Penisola	Península
Spiaggia	Praia
Tundra	Tundra
Valle	Vale
Vulcano	Vulcão

Paesi #1
Países #1

Brasile	Brasil
Cambogia	Camboja
Canada	Canadá
Egitto	Egito
Finlandia	Finlândia
Germania	Alemanha
India	Índia
Iraq	Iraque
Israele	Israel
Libia	Líbia
Mali	Mali
Marocco	Marrocos
Norvegia	Noruega
Panama	Panamá
Polonia	Polônia
Romania	Romênia
Senegal	Senegal
Spagna	Espanha
Venezuela	Venezuela
Vietnam	Vietnã

Paesi #2

Países #2

Albania	Albânia
Danimarca	Dinamarca
Etiopia	Etiópia
Giamaica	Jamaica
Giappone	Japão
Grecia	Grécia
Haiti	Haiti
Indonesia	Indonésia
Irlanda	Irlanda
Laos	Laos
Liberia	Libéria
Messico	México
Nepal	Nepal
Nigeria	Nigéria
Pakistan	Paquistão
Russia	Rússia
Siria	Síria
Sudan	Sudão
Ucraina	Ucrânia
Uganda	Uganda

Piante

Plantas

Albero	Árvore
Bacca	Baga
Bambù	Bambu
Botanica	Botânica
Cactus	Cacto
Cespuglio	Arbusto
Crescere	Crescer
Edera	Hera
Erba	Erva
Fagiolo	Feijão
Fertilizzante	Fertilizante
Fiore	Flor
Flora	Flora
Fogliame	Folhagem
Foresta	Floresta
Giardino	Jardim
Muschio	Musgo
Petalo	Pétala
Radice	Raiz
Vegetazione	Vegetação

Professioni #1

Profissões #1

Allenatore	Treinador
Ambasciatore	Embaixador
Artista	Artista
Astronomo	Astrônomo
Avvocato	Advogado
Ballerino	Dançarino
Banchiere	Banqueiro
Cacciatore	Caçador
Cartografo	Cartógrafo
Editore	Editor
Farmacista	Farmacêutico
Geologo	Geólogo
Gioielliere	Joalheiro
Idraulico	Encanador
Infermiera	Enfermeira
Musicista	Músico
Pianista	Pianista
Psicologo	Psicólogo
Scienziato	Cientista
Veterinario	Veterinário

Professioni #2

Profissões #2

Astronauta	Astronauta
Bibliotecario	Bibliotecário
Biologo	Biólogo
Chirurgo	Cirurgião
Dentista	Dentista
Detective	Detetive
Filosofo	Filósofo
Fotografo	Fotógrafo
Giardiniere	Jardineiro
Giornalista	Jornalista
Illustratore	Ilustrador
Ingegnere	Engenheiro
Insegnante	Professor
Inventore	Inventor
Linguista	Linguista
Medico	Médico
Pilota	Piloto
Pittore	Pintor
Ricercatore	Investigador
Zoologo	Zoólogo

Psicologia

Psicologia

Appuntamento	Compromisso
Clinico	Clínico
Cognizione	Cognição
Comportamento	Comportamento
Conflitto	Conflito
Ego	Ego
Emozioni	Emoções
Esperienze	Experiências
Inconscio	Inconsciente
Infanzia	Infância
Influenze	Influências
Pensieri	Pensamentos
Percezione	Percepção
Personalità	Personalidade
Problema	Problema
Realtà	Realidade
Sensazione	Sensação
Subconscio	Subconsciente
Terapia	Terapia
Valutazione	Avaliação

Riscaldamento Globale

Aquecimento Global

Ambientale	Ambiental
Artico	Ártico
Attenzione	Atenção
Clima	Clima
Conseguenze	Consequências
Crisi	Crise
Dati	Dados
Energia	Energia
Futuro	Futuro
Gas	Gás
Generazioni	Gerações
Governo	Governo
Habitat	Habitats
Industria	Indústria
Internazionale	Internacional
Legislazione	Legislação
Ora	Agora
Popolazioni	Populações
Scienziato	Cientista
Temperature	Temperaturas

Ristorante #2
Restaurante # 2

Acqua	Água
Aperitivo	Aperitivo
Bevanda	Bebida
Cameriere	Garçom
Cena	Jantar
Cucchiaio	Colher
Delizioso	Delicioso
Forchetta	Garfo
Frutta	Fruta
Ghiaccio	Gelo
Insalata	Salada
Minestra	Sopa
Pesce	Peixe
Pranzo	Almoço
Sale	Sal
Sedia	Cadeira
Spezie	Especiarias
Torta	Bolo
Uova	Ovo
Verdure	Legumes

Salute e Benessere #1
Saúde e Bem-Estar #1

Abitudine	Hábito
Altezza	Altura
Attivo	Ativo
Batteri	Bactérias
Clinica	Clínica
Fame	Fome
Farmacia	Farmácia
Frattura	Fratura
Medicina	Medicina
Medico	Doutor
Muscoli	Músculos
Nervi	Nervos
Ormoni	Hormones
Pelle	Pele
Postura	Postura
Riflesso	Reflexo
Rilassamento	Relaxamento
Terapia	Terapia
Trattamento	Tratamento
Virus	Vírus

Salute e Benessere #2
Saúde e Bem-Estar #2

Allergia	Alergia
Anatomia	Anatomia
Appetito	Apetite
Caloria	Caloria
Corpo	Corpo
Dieta	Dieta
Digestione	Digestão
Disidratazione	Desidratação
Energia	Energia
Genetica	Genética
Igiene	Higiene
Infezione	Infecção
Malattia	Doença
Massaggio	Massagem
Nutrizione	Nutrição
Ospedale	Hospital
Peso	Peso
Sangue	Sangue
Sano	Saudável
Vitamina	Vitamina

Scacchi
Xadrez

Avversario	Oponente
Bianco	Branco
Campione	Campeão
Concorso	Concurso
Diagonale	Diagonal
Giocatore	Jogador
Gioco	Jogo
Nero	Preto
Passivo	Passivo
Per Imparare	Aprender
Punti	Pontos
Re	Rei
Regina	Rainha
Regole	Regras
Sacrificio	Sacrifício
Sfide	Desafios
Strategia	Estratégia
Tempo	Tempo
Torneo	Torneio

Scienza
Ciência

Atomo	Átomo
Chimico	Químico
Clima	Clima
Dati	Dados
Esperimento	Experiência
Evoluzione	Evolução
Fatto	Fato
Fisica	Física
Fossile	Fóssil
Gravità	Gravidade
Ipotesi	Hipótese
Laboratorio	Laboratório
Metodo	Método
Minerali	Minerais
Molecole	Moléculas
Natura	Natureza
Organismo	Organismo
Osservazione	Observação
Particelle	Partículas
Scienziato	Cientista

Spezie
Especiarias

Aglio	Alho
Amaro	Amargo
Anice	Anis
Cannella	Canela
Cardamomo	Cardamomo
Cipolla	Cebola
Coriandolo	Coentro
Cumino	Cominho
Curry	Caril
Dolce	Doce
Finocchio	Funcho
Gusto	Sabor
Liquirizia	Alcaçuz
Noce Moscata	Noz-Moscada
Paprika	Páprica
Pepe	Pimenta
Sale	Sal
Vaniglia	Baunilha
Zafferano	Açafrão
Zenzero	Gengibre

Sport
Esporte

Allenatore	Treinador
Atleta	Atleta
Capacità	Capacidade
Ciclismo	Ciclismo
Corpo	Corpo
Danza	Dançando
Dieta	Dieta
Forza	Força
Jogging	Jogging
Massimizzare	Maximizar
Metabolico	Metabólico
Muscoli	Músculos
Nutrizione	Nutrição
Obiettivo	Objetivo
Ossa	Ossos
Programma	Programa
Resistenza	Resistência
Salute	Saúde
Sportivo	Esportes
Stretching	Alongamento

Strumenti Musicali
Instrumentos Musicais

Armonica	Gaita
Arpa	Harpa
Banjo	Banjo
Chitarra	Violão
Clarinetto	Clarinete
Fagotto	Fagote
Flauto	Flauta
Gong	Gongo
Mandolino	Bandolim
Marimba	Marimba
Oboe	Oboé
Percussione	Percussão
Pianoforte	Piano
Sassofono	Saxofone
Tamburello	Pandeiro
Tamburo	Tambor
Tromba	Trompete
Trombone	Trombone
Violino	Violino
Violoncello	Violoncelo

Tempo
Tempo

Anno	Ano
Annuale	Anual
Calendario	Calendário
Decennio	Década
Dopo	Depois
Futuro	Futuro
Giorno	Dia
Ieri	Ontem
Mattina	Manhã
Mese	Mês
Mezzogiorno	Meio-Dia
Minuto	Minuto
Notte	Noite
Oggi	Hoje
Ora	Hora
Orologio	Relógio
Presto	Em Breve
Prima	Antes
Secolo	Século
Settimana	Semana

Tipi di Capelli
Tipos de Cabelo

Argento	Prata
Asciutto	Seco
Bianco	Branco
Biondo	Loiro
Breve	Curto
Calvo	Careca
Colorato	Colori
Grigio	Cinza
Intrecciato	Trançado
Lungo	Longo
Marrone	Marrom
Morbido	Suave
Nero	Preto
Ondulato	Ondulado
Riccio	Encaracolado
Riccioli	Cachos
Sano	Saudável
Sottile	Fino
Spessore	Grosso
Trecce	Tranças

Uccelli
Pássaros

Airone	Garça
Anatra	Pato
Aquila	Águia
Cicogna	Cegonha
Cigno	Cisne
Colomba	Pomba
Cuculo	Cuco
Fenicottero	Flamingo
Gabbiano	Gaivota
Oca	Ganso
Pappagallo	Papagaio
Passero	Pardal
Pavone	Pavão
Pellicano	Pelicano
Piccione	Pombo
Pinguino	Pinguim
Pollo	Frango
Struzzo	Avestruz
Tucano	Tucano
Uovo	Ovo

Universo
Universo

Asteroide	Asteróide
Astronomia	Astronomia
Astronomo	Astrônomo
Atmosfera	Atmosfera
Buio	Trevas
Celeste	Celestial
Cielo	Céu
Cosmico	Cósmico
Emisfero	Hemisfério
Galassia	Galáxia
Latitudine	Latitude
Longitudine	Longitude
Luna	Lua
Orbita	Órbita
Orizzonte	Horizonte
Solare	Solar
Solstizio	Solstício
Telescopio	Telescópio
Visibile	Visível
Zodiaco	Zodíaco

Vacanze #2
Férias #2

Aeroporto	Aeroporto
Campeggio	Acampamento
Destinazione	Destino
Foto	Fotos
Hotel	Hotel
Isola	Ilha
Mappa	Mapa
Mare	Mar
Montagne	Montanhas
Passaporto	Passaporte
Ristorante	Restaurante
Spiaggia	Praia
Straniero	Estrangeiro
Taxi	Táxi
Tempo Libero	Lazer
Tenda	Tenda
Trasporto	Transporte
Vacanza	Feriado
Viaggio	Viagem
Visto	Visto

Veicoli
Veículos

Aereo	Avião
Ambulanza	Ambulância
Auto	Carro
Autobus	Ônibus
Barca	Barco
Bicicletta	Bicicleta
Camion	Caminhão
Caravan	Caravana
Elicottero	Helicóptero
Metropolitana	Metrô
Motore	Motor
Navetta	Transporte
Pneumatici	Pneus
Razzo	Foguete
Scooter	Lambreta
Sottomarino	Submarino
Taxi	Táxi
Traghetto	Balsa
Trattore	Trator
Zattera	Jangada

Verdure
Vegetais

Aglio	Alho
Broccolo	Brócolis
Carciofo	Alcachofra
Carota	Cenoura
Cetriolo	Pepino
Cipolla	Cebola
Fungo	Cogumelo
Insalata	Salada
Melanzana	Beringela
Patata	Batata
Pisello	Ervilha
Pomodoro	Tomate
Prezzemolo	Salsa
Rapa	Nabo
Ravanello	Rabanete
Scalogno	Chalota
Sedano	Aipo
Spinaci	Espinafre
Zenzero	Gengibre
Zucca	Abóbora

Vestiti
Roupas

Abito	Vestido
Braccialetto	Pulseira
Camicetta	Blusa
Camicia	Camisa
Cappello	Chapéu
Cappotto	Casaco
Cintura	Cinto
Collana	Colar
Giacca	Jaqueta
Gonna	Saia
Grembiule	Avental
Guanti	Luvas
Jeans	Jeans
Maglione	Suéter
Moda	Moda
Pantaloni	Calça
Pigiama	Pijama
Sandali	Sandálias
Scarpa	Sapato
Sciarpa	Lenço

Congratulazioni

Ce l'hai fatta!

Speriamo che questo libro vi sia piaciuto tanto quanto a noi è piaciuto concepirlo. Ci sforziamo di creare libri della più alta qualità possibile.
Questa edizione è progettata per fornire un apprendimento intelligente, di qualità e divertente!

Le è piaciuto questo libro?

Una Semplice Richiesta

Questi libri esistono grazie alle recensioni che pubblicate.

Puoi aiutarci lasciando una recensione
ora a questo link ?

BestBooksActivity.com/Recensioni50

SFIDA FINALE!

Sfida n°1

Sei pronto per il tuo gioco gratuito? Li usiamo sempre, ma non sono così facili da trovare - ecco i Sinonimi!
Scrivi 5 parole che hai trovato nei puzzle (n° 21, n° 36, n° 76) e prova a trovare 2 sinonimi per ogni parola.

Scrivi 5 parole del ***Puzzle 21***

Parole	Sinonimo 1	Sinonimo 2

Scrivi 5 parole del ***Puzzle 36***

Parole	Sinonimo 1	Sinonimo 2

Scrivi 5 parole del ***Puzzle 76***

Parole	Sinonimo 1	Sinonimo 2

Sfida n°2

Ora che ti sei riscaldato, scrivi 5 parole che hai trovato nei puzzle n° 9, n° 17 e n° 25 e cerca di trovare 2 contrari per ogni parola. Quanti ne puoi trovare in 20 minuti?

Scrivi 5 parole del ***Puzzle 9***

Parole	Antonimo 1	Antonimo 2

Scrivi 5 parole del ***Puzzle 17***

Parole	Antonimo 1	Antonimo 2

Scrivi 5 parole del ***Puzzle 25***

Parole	Antonimo 1	Antonimo 2

Sfida n°3

Grande! Questa sfida  non è niente per te!

Pronto per la sfida finale? Scegli 10 parole che hai scoperto nei diversi puzzle e scrivile qui sotto.

1.	6.
2.	7.
3.	8.
4.	9.
5.	10.

Ora scrivi un testo pensando a una persona, un animale o un luogo che ti piace.

Puoi usare l'ultima pagina di questo libro come bozza.

La tua composizione:

TACCUINO:

A PRESTO!

Tutta la Squadra

www.ingramcontent.com/pod-product-compliance
Lightning Source LLC
Chambersburg PA
CBHW082049120626
46553CB00011B/3327
* 9 7 9 8 8 9 6 7 0 7 5 6 1 *